동무와 연인

한겨레출판

동무와 연인

말, 혹은 살로 맺은 동행의 풍경

김영민 지음

한겨레출판

서문

동무는 불가능한 것을 가리킨다. 가능하지만, 오직 타락했으므로, 닿을 수 없으므로 가능해지는 사연들을 일컬어 연인이라고 부른다. 가족을 버리지 않으면 스승을 따를 수 없었던 경험처럼, 스승, 혹은 그 지평으로서의 동무의 불가능성을 증명해주는 세속의 덕으로 우리 모두는 친구를 구하고 연인을 사귀며 가족을 얻어 다시 세속에 보은한다.

차례

말과 살의 사이

보부아르와 사르트르

말과 살의 사이

보부아르와 사르트르

Simone de Beauvoir

Jean-Paul Sartre

보부아르는 죽는 날까지 자신의 정체를 작가로 고집했다. 그녀는 "사랑하는 남자와 나란히 앉아 책을 읽고 글을 쓰는 것이야말로 내가 원하는 생활이에요!"라고 말하곤 했다. (물론 이것은 '스타벅스' 커피점의 2층 풍경이 아니다.) 글과 남자! 이 20세기 여성주의의 대모는 글과 남자의 사이에서 여자의 길을 선구적으로 뚫어냈다.

하지만, 정작 그녀에게 중요한 것은 삶이었으며, 그 속에서 사회적 강자로서의 남자는 변치 않는 고민거리였다. 강자를 적절한 연인으로 조형해내는 이 비극적 연금술에, 똑똑한 여자라면 그 누가 고민하지 않았겠는가? 당대의 누구보다도 먼저 '동무'의 가치를 꿰뚫어본 이 비범한 여성도 사랑이 종종 삶의 더께에 불과하다는 사실을 조금 늦게 알아챈 것일까? 뚜렷한 주관을 갖고 행동함으로써 전통적 여성상에 맺힌 남성의 오해를 떨어내려던 보부아르였건만, (그녀가 비웃었던 미국여자들처럼) 사랑했던 남자를 만족시키려고 안달을 부리기도 했다.

"사르트르야말로 내게는 순수한 의식이고 자유 그 자체였어요!"라며 특유한 동무관계를 자만했다. '순수'나 '그 자체'라는 중성적 표현은 연정이 아닌 우정의 관계가 지향해야 할 이념을 매우 적극적으로 지시한다. 가령 짐멜(Georg Simmel)은 사랑에 관한 여러 편의 에세이에서 이 중성성을 흥미롭게 설명한 바 있는데, 우선 탈심리주의적 태도가 그것이다.

"동무들끼리는 서로 그들 사이의 관계에 포함되지 않는 상대의 관심사들이나 감정의 영역들을 들여다보지 않아야 한다."

그러나 성애가 섞이는 경우, 이 탈심리적 중성성의 태도를 유지하기란 사막에서 고래찾기만큼이나 어려워 보인다.

그리고 실상 사르트르는 순수한 의식과 자유만이 아니라 왕성한 성욕 그 자체이기도 했던 것이다! 여성들은 그의 못난 외모와 명성 사이의 괴리에 매혹되기도 했고, 그는 오직 오쟁이를 지울 목적으로 매력 없는 유부녀들을 탐하기도 했다. 모국어를 사랑했던 사르트르가 건들지 않는 여성이라고는 외국 여자들뿐이었다. 짐작컨대, 그는 성행위를 하면서도 계속 떠들었을 것인데, 그 일에는 그의 모국어인 프랑스어가 아니었다면 다소 난감했을 테다. 그러나 성애를 주로 기표적(記標的) 현상론으로 파악한 바르트(R. Barthes)의 지론대로라면 오히려 살은 외국어와 더 잘 어울릴 법도 하다.

아무튼 이들 동무/연인 사이의 기나긴 조화와 갈등에는 사르트르의 쉼없는 바람과 보부아르의 맞바람이 한몫을 했다. 사르트르는 기회가 생길 때마다 아무런 철학없이 연애에 빠졌고, 그 사건들을 고주알미주알 주워섬기거나 혹은 시침을 떼면서 보부아르를 열불나게 만들곤 했다. 보부아르는 "과거에 고착되거나 그것을 내팽개치지 말고 새 미래를 만드는 데 애쓰자", 는 윌리엄 제임스(William James)식의 실용주의 준칙과 비슷한 모토를 제 나름의 연애수칙으로 제시하긴 했지만, 결국 그녀는 사르트르보다 적은 상대와 섹스를 했고 더 많이 고민할 수밖에 없었다.

보부아르의 글 역시 가히 대가급이다. 이는 그녀가 놀았던 '물'을 고려하면 놀라운 일도 아니다. 이 대목에서는 멀리는 루소에서부터 가까이는 폴브레(N. Folbre)에 이르기까지, '어느 학교에 다니느냐보다 누구와 함께 공부하느냐'가 더 중요하다는 교육학적 지적을 남긴 이들의 생각을 되새겨볼 일이다.

그러나 사르트르와의 관계에서만은 오히려 삶(사람)을 내세웠고, 마찬가지로 글의 세계라면 사르트르에게 조금 양보했다. 사르트르의 길은 정반대였다. 그렇기에 사르트르에게 연인관계는 늘 부차적이었지만, 보부아르는 그럴 수 없었다. (그러나 그것이 늘 일차적, 우선적인 사안이어서는 안 된다는 그녀의 이론적 입장과 마찰을 빚으며 자가당착으로 치닫곤 했다.) 스스로 밝히곤 했듯이, 보부아르의 행복은 무엇보다도 사르트르와의 '상호 이해'에 의해서 그 일정한 몫이 보장된 것이었다. 그리고 육체의 향락은 그녀에게도 환영할 만했지만 세상을 향한 지식에 비해 애써 요구할 만한 것은 아니었다. 그럼에도 그녀에게 최고의 소망은 이론이 아니었다. 그것은 "내 인생이 끝나는 날까지 '살고' 싶은 것(sola vita!)"이었고, 사랑은 그 삶의 귀한 부분일 수밖에 없었다.

그러나 사르트르에게 글쓰기보다 더한 삶은 없었다. 그는 아버지(초자아)가 없는 시공간을 책과 글, 환담과 구애로 채우며 스스로를 끊임없이 창조해나갔다. 여행 중에도 풍경보다 수첩을 들여다보고 있었고, 자동차 보닛을 깔고 몇 시간씩 프랑스어 문장을 만드느라 동행들을 성가시게 했다. 그는 『말』(1964)에서 고백했고, 또 마르셀 프루스트의 세계에서 극적으로 예시되었듯이, 우선적으로 책과 글 속에서 세상을 보는 사람이었다. 물론 사르트르는 조만간 프루스트적 관념론에서 탈피하여 피델과 체(Che)를 "내 아들들"이라고 부를 정도로 그 나름의 '앙가주망'에 열심을 부린다.

하지만 보부아르가 아는 여자의 생활은 '제2의 성'의 운명처럼 먼저 남자들의 세상 속에 내던져지고 부대끼는 게 우선이었다. (잘난 남자는 대개 추상적이지만 잘난 여자라도 현실적일 수밖에 없는 것. 이 괴리 속에서 연인의 길과 동무의 길은 희비극적으로 어긋난다.) 여자의 자연은 이미 남자가 지배한 역사와 그 생산물로 이루어진 세속이었기 때문이다. 하지만 당대의 여걸 보부아르는 (마치 2000년대의 신촌을 짱짱하게 걸어다니는 20대 초반의 소수 한국여자들처럼) "나는 내가 여성이기 때문에 불리하다고 느낀 적은 한 번도 없었다"고 강변하곤 했다.

그러나 여자라는 사실이 운명도 속박도 알리바이도 아닌 여자는 거의 없다는 객관적 사실 속에 이미 그녀의 신세는 깊이 얽혀들어 있었다. 깬 여성들에게 남성의 언어와 그 표상이 마치 맞지 않는 신발처럼 어색하다면, 보부아르가 『제2의 성』(1949)을 쓰게 된 것은 필연이었다. 익명의 개인(남성)을 주제로 그 개인의 의식과 자유를 분석하거나 느긋하게 계급 갈등에 개입하는 사르트르의 철학적 청사진만으로는 아직 여성의 세계를 다 그릴 수 없는 노릇이었다. 짐멜의 말처럼, 남자가 자신의 내적 실존에서 소외된, 혹은 추상화된 생산물을 비교적 쉽게 견디는 데 비해, 여자는 이미 구체적인 생활 속으로 내몰렸고 그 구체성은 자신의 실존과 깊이 연루하고 있었다.

그랬던 탓일까, 그들 사이의 계약결혼마저 '정상결혼'에 전형적인 갈등의 요소를 피할 수는 없었다. 이 세기의 연인/동무들에게 인간은 과거로부터 벗어나 새롭게 창조되어야 할 존재이며, 그들은 유례가 없는 다변다작(多辯多作)으로 함께 미래의 인간을 준비하고 있었지만, 남녀를 얽어 옥죄는 낡은 타성은 그들의 실험 속에서도 고스란히 반복되었다. 과연, 사랑은 누구에게도 여지없이 통속적인 것일까? 그러나 이 통속을 막으려는 공동의 노력 속에 그들의 성취가 있었고, 그 성취 속에서 동무의 가능성은 빛난다.

그 성취와 가능성의 근간이자 채널은 그들 사이에 오간 '말'이었다. 마찬가지로 둘의 사귐에서 보부아르가 특별한 것은 그녀의 육체가 아니라 '귀'였다. 사르트르의 보부아르는 육체(연인)일 뿐 아니라 정작 중요했던 것은 그녀의 귀(동무)였을 것이다. 물론 보부아르가 만난 사르트르도, '작고 못생긴데다 그나마 사팔뜨기인' 그의 육체(연인)가 아니라 그의 입(동무)이었던 것은 재론할 것도 없다. 사르트르는 자신의 생각과 감정을 죄다 털어놓을 수 있는 지적 반려자가 없이는 살아갈 수 없는 남자인데, 관계의 요체는 바로 여기, '지적 반려자'에 있었다. 성욕의 이후를 슬기롭게 염탐하는 지혜 속에 남아있을 여자와 남자 사이의 이치를 실천적으로 궁리하는 것, 바로 그것이 '지적 반려'의 출발선이다.

보부아르가 두려워한 여자는 육체로 승부하는 바비 인형들이 아니었다. 그것은 지적 반려자의 자리였고, 사르트르의 주변에 그 싹이 돋을라치면 신경질적으로 반응했다. 연인 넬슨 올그렌(N. Algren)을 위해서라면 모든 것을 포기할 수 있다면서도, "어떤 경우에도 사르트르와의 우정만은 결코 포기할 수 없어요"라고 단언했다. 그렇기에 올그렌 같은 남자는 깊은 추억의 결절로 과거 속에 남아 있었지만, 사르트르와의 생활은 삶의 마지막까지 현재로 지속되었던 것이다.

사르트르처럼 언어 – 편집병적이진 않았지만, 그녀의 삶에서도 말과 글은 뺄 수 없는 부분이었다. 보부아르에게 죽음이란 (바흐친과 비슷하게) '다시는 내게 말을 걸지 않는 것' 이었다. 사르트르의 죽음을 놓고 그녀가 가장 슬퍼한 것은 물론 '그의 말을 더 이상 들을 수 없다는 사실' 이었다. 말년의 보부아르가 그들 사이의 관계를 긍정적으로 결산하면서 요약한 부분도 '말' 이었다.

"사르트르와 나 사이에는 늘 말이 있었어요."

보부아르(Simone de Beauvoir, 1908~1986)

파리의 부르주아 가정에서 태어나 가톨릭 계통의 사립학교에서 중등교육을 마치고 소르본 대학에서 문학과 철학을 전공했다. 1929년 프랑스에서 최연소로 철학교수 자격을 획득했다. 대표작으로는 소설 『초대받은 여자』, 혁명적 여성론 『제2의 성(性)』 등이 있으며 실존주의 작가로서, 여성해방운동의 선구자로서 활발한 저작활동과 사회적 실천을 해나갔다.

사르트르(Jean Paul Sartre, 1905~1980)

생후 15개월 만에 아버지를 여의고 독어교사인 외조부 슬하에서 유년시절을 보냈다. 23세에 파리 고등사범학교를 수석으로 졸업, 이듬해 철학교수 자격시험에 수석으로 합격하였고 차석을 차지한 보부아르와 이른바 '계약결혼'에 들어갔다. 대표작으로는 소설 『구토』, 철학서 『존재와 무』 등이 있으며 《현대》지를 창간하여 당대의 정치 문제에 적극적으로 개입했다.

여자에게는 조국이 없다

엘로이즈와 아벨라르

"확실한 것을 버리고 불확실한 것을 쫓아 헤맬 이유가 어디에 있겠어요?"

Héloïse

Pierre Abélard

조국은 남자의 발명품이다. 조국(祖國)은 말 그대로 '할아버지의 나라'이지 할머니의 것이 아니다. 광개토대왕의 조국이든 윤도현의 조국이든, 혹은 유관순의 조국이든 그것은 죄다 남자의 것이다. (스무 살의 내가 군대에 가기 싫었던 이유는, 내 실존이라는 모처럼의 '발견'을 특별히 조국이라는 '발명' 속에 구겨 넣고 싶지 않았기 때문이었다.) 그것은 효도가 부모들의 발명품이고 우정이 약소자(弱小者)의 발명품이며 연애가 근대의 발명품이라는 사실과 다를 바 없다.

조국이란 게 근본적으로 우스꽝스러운 작위이긴 하지만, 특별히 여자에게는 워낙 조국이라는 게 없다. 물론 대부분의 여자들도 조국이라는 게 마치 존재한다는 듯이 살아간다. '인생 연극론'을 들먹이지 않더라도, 혹은 프로이트식의 '마치~처럼(als-ob)'의 철학에 기대지 않더라도, 조국이 있다는 듯이 사는 것은 꽤 중요한 근현대적 삶의 조건이다. 매우 거칠게 분류하자면, 중세는 신(神)이 있다는 듯이 사는 세상이고 근대는 조국이 있다는 듯이 살아가는 세상이며, 현대는 가족이라는 게 있다는 듯이 살아가는 세상인 것이다. 국민의 통상적 의무를 위해서라면 '마치~처럼'의 자의식만으로도 넉넉해 보인다. (나 역시 조국이 있다는 듯이 선선히 입대했고, 군대 내에서는 그 어디에서도 존재하지 않던 바로 그 조국을 위해 32개월의 젊음을 송두리째 바쳤다!) 그런 점에서는 유관순 열사나 한명숙 전 총리만이 아니라 대부분의 여자들 역시 충량한 국민으로서 별 손색이 없다.

그러나 이 조국이라는 제도화된 '상상의 공동체' (B. 앤더슨) 에 전념, 투신하기에는 사회적 약소자로서의 여성은 너무 현실적이다. 반복하지만, 잘난 남자는 대개 추상적으로 흐르지만, 아무리 잘난 여자라도 현실적일 수밖에 없는 것이 우리의 부권제 사회이기 때문이다. (가령 사형수들의 유언을 견주어 살펴도, 그리고 배신당한 애인의 태도나 대책을 살펴도 여자의 것이 훨씬 현실적이다.) 공적·사적 의사소통에서 여자와 남자가 달리 반응하고 운신하는 이유 중의 한 가지는, '조국은 남자의 발명품이며 여자에게는 조국이 없다' 는 중요한 명제 속에 숨어 있다. ('계급의식' 에 대한 루카치의 설명에서 엿볼 수 있듯이) 애국심이라는 것도 결국은 어떤 제도와 관행에 대한 일련의 반응양식일진대, 무릇 여자는 다르게 반응하며, 그로써 실존적 무국적자로서의 여성적 정체성을 설핏 드러낸다. 아, 명심할지라, 남자들이여. 여자는 남자들의 제도와 체제에 '직접' 순종하지 않는다는 사실. 아니, '애착(attachments)' 이라는 매개를 통해서 비로소 남자들의 세속 속에 동참한다는 여러 심리학자들의 지적처럼, 사회적 약자로서의 여자는 종종 살 (flesh)이라는 자신의 실재(實在)로 직접 승부하더라도 남자의 세상을 대하는 그 태도는 늘 간접적이다.

요지는, 여자는 사회적 유력자인 남자를 사랑함으로써만 그의 체계를 인정하고 그의 제도를 승인한다는 것이다. (물론 시속과 세태가 빠르게 변하고 있다는 지적은 아직 별무소용!) 남자의 세계 속에 여자의 조국이 없다는 말은, 결국 여자의 조국은 사랑이라는 말과 다르지 않다. '남자는 세계를 지배하고 여자는 그 남자를 지배한다'는 통속의 격언은, 공적 영역을 빼앗긴 여자의 약소자적 위상에 대한 반어적 지적만을 담고 있는 게 아니다. 그것은, 여자는 사랑이라는 환상을 매개로 비로소 남자의 세상과 화해한다는 사실을 일깨운다.

"확실한 것을 버리고 불확실한 것을 쫓아 헤맬 이유가 어디에 있겠어요?"

이 말은 스승이자 동무였고 또한 연인이었던 아벨라르에 대한 엘로이즈의 사랑을 요약한다. 그것은 남자의 세상(제도)과 남자(사랑) 사이를 가로지르는 여자들의 기초적 동선(動線)이기도 하다. 한 걸음 나아가, 그것은 루 살로메나 엠마 골드만(Emma Goldman)처럼 신(神)과 조국과 남자의 제도를 뚫어내고 제 자신만의 현실을 찾아내는 여성적 현실주의와 곧장 이어진다. 물론 엘로이즈는 살로메도 아니며 엠마 골드만은 더더욱 아니다. 그러나 엘로이즈의 사랑법은 남자의 세계와 묘하게 어긋나는 여자의 동선을 증거한다.

아벨라르가 누구던가? 스승 기욤(Guillaume de Champeaux)과 당대의 대가인 안젤무스(Anselmus)까지 논파하던 최고의 논객이 아니던가? 사랑이 그의 숙명통(宿命痛)이 되기 전, 그는 정신계를 주름잡던 좌장으로 입신의 탄탄대로를 밟고 있지 않았던가? 그러나, 남녀가 으레 빠져드는 어느 영원히 철없는 바로 그 순간부터 불똥이 튀어, 스무 살 연하의 제자 엘로이즈의 살을 살살 만지다가 급기야 임신시키게 되는데, 이를 사련(邪戀)으로 치부한 그녀의 친지들로부터 궁형의 테러를 당하고 만다.

졸지에 좆을 뽑힌 이 천재적 지식인은 육체의 허약에 따라붙는 만고의 보수주의로 회귀한다. 좆의 도발적 상상력을 잃어버린 그의 신앙은 더욱 근엄해지며, 그의 학문은 더욱 추상적으로 변한다. 여담이지만, 실연한 지식인은 더욱 추상적인 학문에 몰두하는 법이라던 바르트, 그리고 자신의 동성애를 숨기기 위해 철학 속으로 도피했다는 누명을 쓴 바 있는 비트겐슈타인 등의 얘기를 참고할 만하지 않은가?

그러므로 단숨에 좆의 그 초절(超絶)한 맛을 잃어버린 아벨라르가 신과 예수를 향한 그 초월적인 맛에 강박적으로 가까이 다가서려 한 것은 매우 당연해 보인다. 그는 자신의 아이를 낳은 여자를 갑자기 '예수의 신부(新婦)'라고 강변하면서, 한편 스스로 종교적 회오(悔悟)의 마조히즘에 빠진다. 또한 여담이지만, 이들의 유사종교적 사랑은 종교의 현실적 기능에 대한 좋은 방증이다. 말하자면 종교는 예방이 아니라 참회의 기능이 보다 현실적인데, 이로써 종교가 왜 늘 모자란 사회철학일 수밖에 없는지 쉽게 가늠할 수 있다. 세상을 넘어 초월적 실재로 향하는 기원(祈願)이 세상 속을 뚫고 나가려는 토론을 대신하는 한, 종교는 사회철학의 그저 맹아이거나 종말일 뿐이다. "모든 종교의 핵심적 기능은 애도"라는 카네티(E. Canetti)의 지론도 여기에서 멀지 않다.

좆을 빼앗기고 육욕의 쾌락을 잃은 아벨라르는 발밭게 경건해진다. 그러나 여전히 젊고 열정적인 엘로이즈는 보다 현실적이다. "확실한 것을 버리고 불확실한 것을 쫓아 헤맬 이유가 어디에 있겠어요?"라든지, "제게는 아내보다는 늘 애인이라는 호칭이 훨씬 달콤했어요"라고 단언하는 엘로이즈에게 유일한 실체는 연인 아벨라르뿐이다.

"아우구스투스 황제의 황후가 되기보다 오히려 당신의 창녀가 되겠어요."

아니, 수녀인 그녀에게 아벨라르는 그리스도에 버금가는 '나의 주님'이 되는 판국이니 차라리 점입가경이다. 사회적 약자로서의 여자가 세상 속으로 나아가게 하는 진지(陣地)로서의 사랑이든, 혹은 세상 밖으로 나아가는 보루로서의 종교이든, 그 애착의 대상이 모두 남자인 것은 세속 속의 여자가 처한 신세를 또렷이 보여주는 증표다. 아니, 애착의 대상을 가리고 따지기에 앞서, 애착(attachments)이라는 삶의 징검다리 그 자체야말로 '관계중심적 여성성'이라는 통속적인 해설의 뒷자리를 여지없이 드러낸다.

연인과 동무의 관계를 살피면서 그 현명한 분별과 실천을 꾸려갈 때, '조국'의 문제는 그 관계의 판도를 결정하는 지렛대 역할을 한다. 요컨대, 남자들은 조국과 명예(『인형의 집』의 가부장 헬머처럼)를 빌미로 사랑에서 멀어지지만, 여자들은 조국을 통해 사랑으로 나아간다. 그것이 사랑을 지향하는 한 그 무엇이든 조국의 몸을 지닐 수 있는 것이다. 거칠지만 중요한 의미에서, 여자들에게는, 조국이 확실한 게 아니라 확실한 것이 조국이다. 그리고, 무엇보다 그것은 사랑이며, 그리고 여자들은 종교와 신조차도, 물건이나 이념조차도 사랑을 대하듯 접근해가는 것이다.

엘로이즈(Héloïse, 1101~1162)

라틴어, 그리스어에 능통하고 철학, 문학에 뛰어나 여느 대학교수보다 낫다는 평을 들었던 엘로이즈는 그녀의 개인교사인 아벨라르의 아이를 임신하여 아들을 출산한다. 그녀에 대한 불신으로 수녀원행을 권고하는 아벨라르의 뜻을 따라 수녀원에 들어가 수녀원장이 된 이후에도, 자신이 사랑하는 건 신이 아니라 아벨라르이며 그와의 관계에 대해 후회하지도 않는다고 단언한다.

아벨라르(Pierre Abélard, 1079~1142)

철학자 겸 신학자로서 명성의 정점에 서 있던 38세의 아벨라르는 노틀담 수도회 수사인 펠베르의 열일곱 살 난 조카딸, 엘로이즈의 개인교습을 맡았으나 결국 그녀를 임신시킨다. 이에 분노한 펠베르 측으로부터 거세당한 뒤, 수도원에 은거한다. 그는 15년 만에 재개된 엘로이즈와의 서신왕래에서 그녀를 '자매'라 부르며 인간의 사랑이 아닌 신의 사랑에 충실할 것을 권고한다.

학(鶴)과 물소

이덕무와 박제가

동무는 동지도 친구도 아니다. 동무는 동무(同無)다!

이덕무의 문집 『아정유고』

박제가

잡된 글쓰기*의 개척자인 이덕무의 짧은 에세이 「나를 알아주는 벗(知己之友)」은 동무의 그윽한 멋을 뽐낸 기념비적 명문이다.

"만약 나를 알아주는 한 사람의 벗을 얻는다면, 나는 망설임없이 10년 동안 뽕나무를 심고 1년 동안 누에를 길러 손수 오색실을 물들일 것이다. 10일에 한 가지 빛깔을 물들인다면 50일이면 다섯 가지 빛깔을 물들일 수 있을 것이다. 이것을 따뜻한 봄볕에 내놓고 말려서 여린 아내에게 부탁해 백 번 달군 금침 바늘로 내 벗의 얼굴을 수놓게 하리라 …… 이것을 가지고 뾰족뾰족하고 험준한 높은 산과 세차게 흐르는 물이 있는 곳, 그 사이에 펼쳐놓고 말없이 서로 바라보다 뉘엿뉘엿 해가 저물 때면 품에 안고 돌아오리라."(권정원 옮김)

대의(大義)가 푯대라면 그 푯대 아래 '동지'가 모인다. 그들은 거사(擧事)에 함께 투신하고 혁명에 신명을 바친다. 그 과정에서 취향은 무시되어도 좋고, 사랑조차 종종 걸림돌일 뿐이며, '의사소통적 합리성'도 부차적이다. 더불어 벤야민의 비평론이 가르치듯이, 객관성(Saclichkeit)마저도 당파적 실천을 위해서 희생될 수 있어야 한다. 다만 배신만은 용서할 수

31

* '잡된 글쓰기'는 내가 1990년대 초중반 글쓰기의 층위에서 탈식민성의 학술적 실천에 골몰할 때에 상도한 개념이다. 자세한 해설은 다음을 참고. 김영민, 『탈식민성과 우리 인문학의 글쓰기』(민음사, 1996).

없는 짓이다.

그러나 친구에게는 대의도 이데올로기도, 관념의 일관성만으로 묶어둘 끈도 없다. 전두환들이나 김영삼들이, 최민수들이나 강호동들이 웃는 표정만으로 족하다. 이론이 부재한 자리를 정서적 일체감이 들물처럼 채우는 사적(私的) 우연성, 그것이 친구다. 공유된 이념이 없으니, 원칙상 배신도 존재할 수 없는 두루뭉수리한 관계다. '우리가 남이가!' 라는 배타적 관계의 형식은 대의와 이념의 부재가 남긴 정서의 진공 속에서 생긴다. 대의라는 공간적 관념의 정합성이 없는 대신, 친구는 '시간'을 먹고 산다. 이와 대조적으로 동지는 무시간적 관계랄 수 있는데, '같은 뜻〔同志〕'은 원리상 시간을 초월해서 동아리를 구성하기 때문이다. 그러나, 햇차가 좋고 묵은 술이 좋다고 하듯이, 친구는 시간의 명암과 굴곡을 거치며 얻은 탁하고 묵은 관계다. 그것은 시간이 보존해온 향수이며, 그 향수를 공유하는 몸의 기억이 만든 관계다. 그래서 친구의 관계가 정실에 치우친다는 것은 어쩌면 당연해 보인다.

그러나 동무는 동지도 친구도 아니다. 굳이 조어로 그 취지의 한 극단을 잡아내자면, 동무는 동무(同無)다! 오히려 서로간의 차이가 만드는 서늘함의 긴장으로 이드거니 함께 걷는다. 공유된 이데올로기에 복무하면서 히틀러나 스탈린의 수염

같이 가지런히 정돈된 길을 행진하는 관계가 아니다. 오히려 '길없는 길'을 걷고 어울려 다른 길을 조형하면서, 잠시만 한눈을 팔면 머－얼－리 몸을 끄－을－며 달아나 그림자조차 감추어버리는 관계다. 그것은 일찍이 니체와 짐멜만이 거의 유일하게, 그러나 다소 흐릿하게 파악한 '신뢰'의 관계다. 우선적으로 '기분'과 '감정이입'의 차원을 벗어난다는 점에서 그것은 친구가 아니며, '뜻(이념)' 중심주의적 결집이 아니라는 점에서 동지도 아니다.

동무의 예시로서 청장관 이덕무, 초정 박제가 등의 이른바 백탑파 지식인들의 관계는 그런대로 적절해 보인다. 담헌 홍대용(1731~1783)과 연암 박지원(1737~1805)을 종장(宗匠)으로 하는 이른바 북학파의 선비들이 유달리 교우도(交友道)를 강조한 것에는 그 나름의 뜻이 있었다. 무릇 친구, 혹은 동무란 부모의 집이나 가부장적 규제에서 벗어나려는 사춘기적 감성이 영웅숭배라는 해방과 일탈의 매개를 얻는 과정 속에 그 연원을 두는 법이다. 아이가 부모를 벗어나는 방식은 프로이트나 라이히(W. Reich)의 말처럼 단지 성적 성숙만으로 읽어낼 수 없는 것이다. 동무와 수평적으로 결탁함으로써 아버지의 수직적 법과 어머니의 애착을 벗어나는 일탈 역시 성숙의 주요한 계기다.

이덕무와 박제가의 교우를 굳이 이 틀 속에 넣어보자면, 담

헌과 연암으로 대표되는 당대 최고의 아웃사이더 지식인들이
야말로 인정투쟁의 대상인 바로 그 영웅들이었을 것이다. 그
러므로 이들이 개신유학(改新儒學)적 체계(왕)와의 창의적 불
화 과정에서 영웅/스승을 본뜨고, 동무를 사귀고, 외부(청나
라)에 눈을 돌린 것은 너무나 당연한 절차였다. 무엇보다도,
동무라는 관계는 기존의 체계에 빌붙은 삶의 양식 속에서는
자생할 수가 없기 때문이다.

이덕무와 박제가, 그리고 유득공 등은 특별히 서얼출신이라
는 가문중심적 · 계급적 한계에 떠밀려 동무로서의 상호인정
과 우의(友誼)가 더욱 두터울 수밖에 없었다. 이에, 명문세가
출신인 담헌이나 연암 역시 서얼의 존재구속적 부조리를 비판
하고 '의청소통소(擬請疏通疏, 서얼에게도 벼슬을 줄 것을 건의
한 상소문)' 등을 통해 그 혁파를 주장하면서 후학들의 입지를
돕는다. 부르디외(P. Bourdieu)의 유명한 말처럼 취향이 계급
의 문제일 수 있지만, (가령, 벤야민의 그 '유물론적 줄타기'에서
잘 드러나듯) 계급이 취향을 아우를 수는 없는 법이다. 무엇보
다도 이덕무와 박제가는 그 대조적인 기질과 성향 탓에 동학
(同學)이자 지기의 인연을 나누면서도 자잘한 긴장과 마찰을
피할 수 없었다.

박제가는 열정적이며 당찬 성격으로 얼핏 무인(武人)을 연

상시킨다. 그는 생각도 파격적이고 기이한 맛이 있었지만 그 생김도 예사내기가 아니었던 모양이다. 자신의 얼굴을 "물소 이마에 칼날 같은 눈썹"이라 묘사할 정도였다. 이와 대조적으로, 박제가는 이덕무의 외모를 두고, "신체는 허약하나 정신이 견고함은 지키는 바가 내부에 있기 때문이요, 외모는 냉랭하나 마음은 따뜻하니 몸가짐이 독실하기 때문"(안대회 옮김)이라고 했으니, 필시 병약하고 고고한 암혈숙덕지사(巖穴宿德之士)의 풍모였던 듯하다.

이덕무가 아홉 살 아래의 박제가에게 보낸 편지는 사형(師兄)으로서의 애정이 은근하면서도 적절하게 서늘하다. 『북학의』(1778)의 저자인 박제가는 "사치하도록 물자가 융통해야 나라가 산다"는 통상론에서부터 중국어 공용론을 주창할 만큼 급진적 북학론자였고, 당시의 경화사족(京華士族) 간에 유행했던 중국의 소설류를 무척 즐기기도 했다. 스승 연암이 탁출하게 예시했지만, 소설적 서사는 근대적 계몽과 해방의 기법으로도 쓸모가 많은데, 볼테르와 디드로 등에서 보듯이 동서양을 막론하고 18세기는 정신문화적 근대화의 맥락 속에서 철학소설의 기틀이 짜인 시대이기도 하다. 루카치나 머독(Iris Murdoch)의 지적처럼 근(현)대는 정녕 소설의 시대이며, '서사적 인간'의 자기표현력이 바야흐로 정점에 오른 시기다.

그러나 박학한 실학자이면서도 정통 유학자의 틀 속에서 온건했던 이덕무는 초정과 달리 특히 중국에서 들어온 연의소설(演義小說)류를 싫어했다. 소설은 귀신이나 꿈과 같은 헛것을 내세우며 천한 것을 고취하고 경전을 등한시하는 등 마음을 훼손하는 미혹된 것이라고 매도한다. 그는 심지어 초정의 와병도 나쁜 책을 읽는 탓이고, 그와 더불어 『논어』를 강독하면 병조차 물러갈 것이라고 훈계한다. 책으로 병풍과 이불을 삼았던 이덕무의 생활방식을 가만히 그려보면 그 누구나 깊은 미소를 품지 않을 수 없는 대목일 테다.

18세기 말, 연암의 물가에서 학(鶴)과 물소가 노닐었다. 무심한 듯 곰살갑고, 다정한 듯 서늘하다.

이덕무 (李德懋, 1741~1793)

강호에 살며 오직 제 앞을 지나가는 물고기만 잡아먹는 새인 청장(靑莊)이라는 그의 호처럼, 서얼이라는 신분적 제약에도 단아한 성품과 뛰어난 학식을 지녀 이름이 높았다. 급진적인 개혁보다는 고증학적인 방법론에 더 많은 관심을 가진 북학파로서 39세에 박제가, 유득공과 함께 규장각 초대 검서관에 기용되어 책 읽는 일에 몰두해 스스로 간서치(看書痴, 책만 읽는 바보)라 했다.

박제가 (朴齊家, 1750~1805)

승지(承旨) 박평(朴玶)의 서자로 태어나 어려서부터 시·서·화로 명성을 얻었다. 19세 무렵부터 북학사상의 선구적 인물인 박지원을 스승으로 북학파들과 친밀히 교유하였다. 29세 되던 1778년, 이덕무와 함께 연경(燕京)을 방문하여 청나라의 문물을 접한 뒤, 조선의 사회적 폐단을 성찰하는 동시에 이용후생적인 사회제도 개혁방안을 제시한 그의 대표작 『북학의』를 저술했다.

사랑, 혹은 최종심급의 지배

하이데거와 아렌트

사랑, 혹은 최종심급의 지배

하이데거와 아렌트

연인의 살이 고기[肉]로 느껴질 때에도,

그 고기를 다시 살로 되돌리는 법은 오직 말 밖에 없다.

Martin Heidegger

Hannah Arendt

　　누구도 연인의 살(flesh)을 그 자체로 사랑할 수는 없다. 애무는 정육(精肉)에 대한 관심이 아니다. 마찬가지로 그것은 해부학적 탐색도 아니다. 그렇다고 애무와 살 속에 레비나스(E. Levinas)류의 은현한 신학을 숨겨둘 노릇도 아니다. 카시러나 엘리아데의 말처럼 사람이 워낙 상징적 동물(homo symbolicus)일진대, 그 살은 이미 말과 섞여 있다.

　　남녀의 성애에서 살 속에 섞여있는 말을 찾는 것은 지극히 인간적인 현상이다. 이를테면 폴 리쾨르가 악(惡)에 대한 현상학적 분석에서 '흠'을 '때'와 구별하는 가운데 특별히 '말'과 '타인의 시선'을 개입시키는 것과 마찬가지다. 흠이 때와 달리 인간관계적·상징적 가치를 얻는 것은 남녀의 성애와 마찬가지로 인간적 교환의 주요 수단인 시선과 말의 세례를 거쳤기 때문이다. 물론 (역시 리쾨르가 세세하게 해명하듯이) 여기에서 한 걸음만 더 나가면, 그래서 신(神)의 말과 시선이 개입하는 순간 '죄(罪)'라는 개념이 잉태하게 되는 것이다. 그러므로 무릇 인간의 활동은 그 어떤 경우에도 메타적일 수밖에 없다.

　　'말이 없는(억압된) 살'—물론 엄밀하게 말하자면 인간적 현상으로서 '말이 없는 살'은 불가능한 개념이긴 한데—은 강간이거나 해부이거나 시애(necrophilia)다. 그리고 그 먼 반대편에는 말과 살이 한데 어울리며 스파크를 일으키는 인간적인 사랑의 무상한 쾌락이 자리한다. 말은 워낙 사랑의 구성 성분이고 그 내력에서 뺄 수 없는 동반자이지만, 살의 매력이 드센 연애의 초기에는 그 가치를 제대로 깨닫지 못하는 법이다. 그러나 연인의 살이 이윽고 고기〔肉〕로 느껴질 때에도, 그 고기를 다시 살로 되돌리는 법은 오직 말 밖에 없다. (나는 다른 글에서 그것을 '존재론적 측은지심'이라는 개념으로 몇 차례 해명한 바 있다.) 인간의 사랑은 워낙 어리석은 짓이긴 하지만, 무릇 사랑의 현명함을 가꾸려는 이들이라면 살과 말이 섞이는 묘경(妙境)의 이치에 세심해야 한다.

당연히 지식인들의 사랑과 우정에서라면 말의 무게는 가중치를 얻는다. 전술한 보부아르-사르트르의 경우에도 말은 사랑의 묘약이었고, 서로의 육체가 상한 고기처럼 삭아갈 때에도 그 빛나는 말의 향연 속에서 관계의 파국을 막을 수 있었다. 대개 살이 연정을 부르긴 하지만, 그 살에만 일방적으로 탐닉하는 것은 산망스러울 뿐 아니라 실로 치명적이다. 가령 사드(Sade)처럼 살에의 일방적 탐닉이 결국 몰아올 것은 그의 기대와 같이 '자연성'이 아니라 과실재(過實在)의 폭력일 뿐이다.

그래서 지속적인 사랑의 관계에서는 말을 매개로 삼아 살 이후를 슬기롭게 대처하는 일이 누구에게나 긴요하다. 살의 공간에서는 종종 그 감가상각이 예상을 넘어서거나 대처할 수 없는 지경에 이르러 사랑의 맹세와 언약을 무색하게 하지만, 말은 그나마 '쉼없는 재서술'(로티), 혹은 '수행적 재구성'(하버마스)의 갱신을 통해 관계의 다이너미즘(Dynamism)을 유지하는 데에 지속적으로 기여할 수 있기 때문이다. 보부아르-사르트르의 관계와 마찬가지로 아렌트-하이데거의 경우에도 말을 가운데에 두는 '지적 반려'가 그 관계의 알속이었다.

30대 중반의 하이데거는 이미 사계의 명망을 얻은 탁월한 강사였고, 한나 아렌트는 그 재능을 찬탄하면서 따랐던 빛나는 눈동자였다. 교실 속의 빛나는 눈동자가, 곧 미인이라는 젊고 유능한 강사의 환상을, 그녀는 완벽하게 채워준 것이다. 지적 교류라는 관심으로 변형되어 유지되는 가부장적 지배로서 선생과 학생 사이의 연애만한 것도 없으리라. 하이데거는 첫 수업에 든 아렌트의 모습을 생생히 기억했으며 시시로 즐겁게 회고하곤 했다. 시골 촌놈티가 역력한데다 마치 통나무에 총기 있는 구슬 두 개를 박아 놓은 듯한 외모의 하이데거에게 이국적인 풍모와 우아하고 활수한 태도를 지닌 10대 후반의 아렌트는 매력적인 '현존재'였음에 틀림이 없다.

똑똑하고 자립적인 여학생이 똑똑하고 권위적인 남선생 속에서 연인을 키우는 방식은 무엇일까? 더구나 그 선생에게 이미 아내라는 기득권이 있다면, 그 틈 속에서 지적 교류의 채널을 통해 자신의 자존심을 살려가면서 성애적 욕망을 키우는 방식은 무엇일까? 불안정한 지위 속에서 허든댈 수밖에 없는 그 여학생의 위태로운 사랑을, 그 아내와 '함께' 그러나 그 아내를 '넘어' 건사할 가능성은 무엇일까? 이미 30여 개월의 애무를 끝내고 눅진해진 아내의 살을 대신할 새 살의 전망을 향한 공모일까? 불륜의 낙인을 감수한 채 탐닉하는 젊은 여학생의 살이 과연 늙어가는 아내의 살을 대신하는 비용으로 적합했을까? 보수적이며 무뚝뚝하고 가사에 치밀했던 전형적인 독일여성 엘프리데 하이데거의 바깥에서, 한나 아렌트라는 명민하고 당당하며 영감에 찬 여성 지식인에게서, 하이데거가 찾고 탐닉했던 것은 무엇일까?

당대 최고의 철학적 지성 하이데거는 결코 후회하지 않았던 나치—현인(賢人) 야스퍼스를 절망하게 했던 바로 그 나치—답게 자기 생각 속의 완벽한 틀에 얹혀 오만하게, 심오—아도르노가 그처럼 맹렬하게 까발리며 타박한 바로 그 '심오'—하게 군림한다. 그것은 열일곱 살 연하의 여학생 한나와의 관계에서도 크게 바뀌지 않았다. 훗날 그녀가 국제적 명성과 인정을 받은 이후에도 하이데거는 그녀를 솜털이 보송보송한 '여학생'처럼 대하곤 했다. 이처럼 사랑은 그 모든 지배의 최종 심급으로 군림한다. 『전체주의의 기원』(1951)의 저자가 '히틀러의 멋진 손'을 예찬한 그 나치에게서 오랫동안 빠져나올 수 없었던 이유도 '사랑이라는 환상의 물매(기울기)' 탓이다. 마르크스 이후 좌파의 역대 이데올로기론은 이 '사랑의 지배'라는 현실을 상대적으로 소홀히 대했다. 가령 어머니-아기 사이, 그리고 신(神)-신자 사이의 상상적 일치관계가 대표적으로 증거하듯이 그 모든 지배의 알파와 오메가는 사랑의 형식을 띨 수밖에 없는 것이 아닌가? 노예의 부역을 자발적으로 즐겁게 감당하는 짓으로 사랑의 예속만한 것이 있던가? 마키아벨리조차 협박(timore)이 아닌 사랑(amore)의 지배에 방점을 두지 않던가?

아렌트에게 하이데거는 저항할 수 없는 매력이자 권력이었다. 매력과 권력이 일치하지 않는 것이 우리 모두가 살고 있는 세속이지만, 오직 사랑의 환상—종교와 연애 등에서 보이는 그 사이비-일치의 환상—만이 그 일치의 환상을 선사한다. 하이데거의 정치적 신념을 때로 모질게 비판하면서도 야스퍼스가 철학적으로 그에게 이끌렸듯이 아렌트는 그 시원(始原)의 연정 속으로 도리없이 미끌어지곤 했다. 그 사이 하이데거는 사랑의 권력을 관철시켰고, 내내 권력의 사랑을 즐길 수 있었다. 특별히 그 누구도 마음대로 포획할 수 없을 만치 투철하고 독립적인 여성을 '소유'할 수 있다는 생각은 하이데거의 지적 자만을 충족시켰다. 근 50년에 걸친 연애 기간 내내 아렌트는 마치 여학생처럼 그의 방식대로 만나고 그의 뜻대로 기다리면서 초기의 독일식 사제(師弟) 관계를 강박적으로 반복했다.

　그 반복을 정당화한 동기의 바탕에는 은밀하면서도 특권적인 지적 소통의 확신이 있었다. 다변의 사르트르와 보부아르 사이의 프랑스적 관계와는 달랐지만, 하이데거에 대한 아렌트의 사랑에도 '지적 반려'의 믿음과 열망이 도사리고 있었다. 제 생각 속의 무대를 가설하고, 그 무대 위의 특권적 각광 속에서 자신만이 주목받고 사랑받으리라는 환상극(幻像劇)은 실로 대상을 가리지 않는다. 신(神)의 시선이 특별히 나만을 주목하리라는 종교적 환상극, 애인의 관심이 오직 내게만 집중되리라는 연애 환상극, 그리고 엄마-아빠-나 사이를 잇는 완벽한 가족 삼각형의 환상극 등은 완악한 자기중심성의 존재인 인간에게 좀처럼 피하기 어려운 노릇이다. 그래서 오직 그녀만이 이 세기의 사상가를 깊이 이해할 수 있으며 그녀만이 그의 뮤즈(muse)가 될 수 있다는 생각은 정치윤리학적으로 상극을 달렸던 이 두 연인의 밀애를 가능하게 했다. (살이 식고 삶의 양식이 달라도, 정신적 반려의 동질감에 대한 확신은 무섭도록 상대를 고집하는 법!) 이처럼 연애의 열정은 어느 무지(無知)에 근거하고 있지만, 역설적으로 바로 그 무지는 어느 특권적 지식에 근거하고 있는 것이다.

하이데거(Martin Heidegger, 1889~1976)

유럽 지성계에 혜성처럼 등장하여 마르부르크 대학에 부임한 34세의 유부남 하이데거는 이듬해 그의 명성을 듣고 입학한 18세의 유대계 여학생 한나 아렌트를 만나 애정관계를 갖게 된다. 1927년 노작 『존재와 시간』을 발표하여 시대를 대표하는 사상가로 자리하였으나 나치 정권에 협력하여 프라이부르크 대학 총장에 취임한 까닭에 전후 5년 동안 학문 활동을 금지 당하였다.

아렌트(Hannah Arendt, 1906~1975)

스승이자 연인인 하이데거가 있던 마르부르크 대학을 1925년에 떠나 야스퍼스 지도로 박사학위를 받았으나 하이데거와의 관계는 이후 50여 년간 지속된다. 나치가 권력을 장악하자 유대계인 그녀는 미국으로 망명하였다. 대표작 『전체주의의 기원』을 발표하여 학계의 찬사를 받았으나 친 나치 경력으로 곤경에 처한 하이데거의 결백을 주장하며 그의 저작을 홍보하기도 하였다.

동성애와 지적 결벽,
그 양립하기 어려운 자가당착

비트겐슈타인과 그의 애인들

“당신이 철학자의 삶을 사는 것이
당신의 동성애와 무슨 관계가 있지요?”

Ludwig Josef Johann Wittgenstein

지식인들은 종종 사랑의 직접성을 포기한다. 문화를 '생존에 필요할 정도로 진지하지 않은 활동'쯤으로 정의하는 학자들이 더러 있듯이, 대개 문화적 활동이란 삶의 일차적 생존전략에서 어느 정도의 거리를 유지하기에 가능해진 여유 속에서 이루어진다. 나아가, 지식은 그 일반성, 혹은 추상성에서 엿볼 수 있듯이 문화 일반으로부터도 다시 어느 정도의 거리를 둔 채 자기 단속의 엄정함 속으로 퇴각할 수밖에 없다. 그리고, 그 상태가 굳어지면서, 예를 들어 그들은 영영 강간을 못한다. 물론 일부의 지식인들이 행하는 강간이나 추행을 들어 그 간접화의 효과를 반증하려는 것에는 큰 뜻이 없다. 그들이 가끔 제도 속에서 벌이는 강간극(劇)은 실외(室外), 혹은 실재(實在)의 환상이 빚은 문화(文禍)의 불능을 반증할 뿐이다. (여기에서는, 좀바트르, 짐멜, 그리고 벤야민 등이 밝혀놓은 근대의 여러 '실내화 현상'을 떠올려볼 일이다.) 어쨌든 강-간을 못하게 된 것은 (사드 후작 같은 성애적 실재론자가 아니라면) 말할 것도 없이 좋은 일이며, 주류 인류학의 일반적 설명처럼 그들은 그 문명의 비용을 치른 뒤 언어에 (그것도, '심오하게', 그리고 '신경증적으로') 탐닉한다. 물론 현대의 신경증이 일종의 언어적 현상인 점은 재론할 것도 없다.

일부 지식인들이 그 교우관계에서 언어에 탐닉하는 것은 일견 연인의 살에 탐닉하는 것을 방불케 한다. 가령, 체색(體色)

을 바꾸면서 구애와 교미의 신호를 보내는 오징어들은 살이 곧 언어인 셈인데, 이와 대조적으로 살과 말을 기능적으로 분화시킨 지식인들의 이중성은 그 자체로 문명의 정화(精華)이자, 내 표현으로 '문화(文禍)의 비극'이라고 해도 좋을 것이다. 한편, 오징어의 변색에서부터 『춘향전』의 염언색담(艶言色談)에 이르기까지의 과정을 아도르노는 자신의 독서 체험을 통해 간결하게 정리한 바가 있다.

"외국어로 포르노 책을 읽는 사람은 섹스와 언어가 얼마나 내밀하게 서로 교차하는지를 배우게 된다."(『미니마 모랄리아』)

아도르노가 '섹스와 언어 사이의 내밀한 교차'라고 부른 것은 근본적으로 낯선 언어와 부대끼면서 겪는 기표적 체험을 가리키는데, 이 센세이션(sensation)은 실은 낮은 자리에서 벌어지는 인문학적 체험, 혹은 쾌락의 근간이기도 하다. 글은, 그리고 사랑은 그 근본에서 물질적인 것이기 때문이다. 아도르노가 독서체험 속에 언어와 에로티즘이 교차하는 지점을 짚어주었고, 오징어는 살이 곧 말이라는 점을 원형적으로 일러주었다면, 바르트는 거꾸로 말이 곧 살이라는 사실을 보인다.

"언어는 살갗이다……나는 그 사람(연인)을 내 말 속에 둘둘 말아, 어루만지며, 애무하며, 이 만짐을 얘기하며, 우리 관계에 대한 논평을 지속하고자 온 힘을 소모한다."(『사랑의 단상』)

거꾸로, 말은 살로부터의 도피처이기도 하다. 말을 상징적 세계의 조직(texture)으로 보고 대신 살을 말의 바깥에 놓인 실재의 일부로 여기려는 정신분석적 해설이 그 전형적인 사례다. 가령 바르트는 사랑의 상처를 피하여 심오하고 추상적인 학문 속으로 도피하는 지식인을 말하기도 한다. 아무래도 축축할 수밖에 없는 사랑과 건조하고 추상적인 학문 사이를 아는 듯 모르는 듯 오르락내리락하면서 자신의 지적 정체성을 간신히 건사하는 지식인들이 어찌 한둘이겠는가? 마치 '파리에게 파리병으로부터 탈출하는 길을 보여주는 것'(비트겐슈타인) 같은 심사로, 혹은 공회전하는 엔진과 바퀴를 거센 바닥에 내리누르려는 희망 속에서, 그들은 연애를 향해 단호히 '외출'할 수도 있었을 것이다.

제자인 말콤(N. Malcolm)의 회상에 따르면, 강의를 마친 비트겐슈타인은 즐겨 영화관의 좌석 맨 앞줄에 앉아 스크린 속에 시선과 정신을 온통 쏟으며 당일의 지적 긴장을 잊어버리곤 했다고 한다. 영상이 현실의 도피처가 되는 것도, 말이 살의 도피처가 되는 것만큼이나 지극히 당연하다. 가령, 피나 화약의 냄새를 풍기면서 살육의 현장을 빠져나온 자객이나 암살자가 여인의 살, 그 익명성 속에 사건의 기억을 묻어버리는 장면은 문학이나 영화에서 낯익은 풍경인데, 이처럼 살은 지극한 실재(현실)이면서도 또 지극한 상상(판타지)의 원천이기도

한 것이다. 한편, 헤겔조차 제대로 읽지 않은 비트겐슈타인이
었지만 여가 시간이면 하드보일드 탐정 소설에 탐닉했다고도
한다.

그를 따르고 좋아했던 이들조차도 두려워하지 않을 수 없었
던 이 결벽의 천재에게 고양이의 방울을 달려고 했던 이는 핑
크(Barry Pink)였다. 한국전쟁이 발발하기 몇 달 전, 혹은, 김
삼룡과 이주하와 정태식 등 남로당의 간부들이 거의 동시에
체포되고 괴멸되다시피한 지리산 유격대의 이현상 부대가 소
백산맥을 향해 북행(北行)할 무렵, 비트겐슈타인의 각별한 호
의를 빌미삼아, 혹은 그 나이(61세) 탓에 조금은 물러진 그의
성벽에 의지하여 핑크는 마침내 그 결정적인 질문을 던지고
말았다.

"당신의 연구, 혹은 당신이 철학자의 삶을 사는 것이 당신
의 동성애와 무슨 관계가 있지요?"

물론 핑크는 비트겐슈타인의 까칠한 성깔머리를 과소평가
했고, 그 질문은 혐오스레 무시되었으며, 그 문제에 관한 한
그 누구도 다시 묻거나 거론하기를 꺼리게 되었다. 역사학자
모스(George L. Mosse)가 다른 맥락에서 썼듯이, '망명한 유대
인이자 동성애자라는 이중의 주변성'은 그 누구도 쉽게 뛰어
넘을 수 없는 질곡이며, 비트겐슈타인의 천재는 그 그림자의
바깥에서 오연하게 자신의 자리를 지키고자 하였던 것이다.

핑크의 질문은, 특히 지식인들이 스스로의 본성을 감추고 가면을 쓰는 경향에 대한 토론 속에서 우연히 나온 것이었다. 예를 들어, 다소 극단적이긴 하지만, 흔히 연쇄살인범의 일상이 매우 건조하고 정돈된 겉모습을 띠는 것은 그저 우연이 아니다. 그것은, 이를테면, 베이트슨(G. Bateson)이 '보완적 차별생성(complementary schizmogenesis)'라는 개념을 통해서 인류학적으로 예시하듯이, 차별화되는 두 행위는 실제로 상호보완적 메커니즘을 이루며 동시에 굴러갈 수도 있기 때문이다. 그러나, 비트겐슈타인의 동성애, 혹은 사랑이 그리스의 조각상처럼 매끈하고 엄정한 그의 상징적·철학적 가면을 폭로하는 지점이라고 믿고 싶어하는 호사가적 폭로심리는 대체로 불모의 것이다. 우리네의 통속적 삶은 결국 '가면을 가리키며 걷기', 그 이상이 아니기 때문이다.

1946년, 분단의 조짐이 역력했던 한반도에서 몽양 여운형과 우사 김규식 등이 미소(美蘇)를 동시에 경계하며 좌우합작에 분투하고 있던 때, 58세의 비트겐슈타인은 케임브리지의 의대 학부생이었던 벤 리처드(Ben Richards)와 생애 마지막 사랑의 합작에 열심을 부리고 있었다. 스스로 벤과의 사랑을 '위대하고 희귀한 선물'이며, 함께 있으면 '모든 것이 행복'이라고 표현할 정도였고, 연애가 불러일으키는 그 천고(千古)의 긴장 속에서 조만간 그를 잃게 될 것이라는 번민에 빠지곤 했다.

"아, 도착하지도 않는 편지를 계속 기다려서는 안 된다!"

당시 벤은 19세였으니, 둘의 나이 차이는 거의 마흔 살이었다. 비트겐슈타인은 벤과 간헐적으로 동거에 들어가는 등, 그 마지막 염화(艶火)에 제법 열정적이었고, 이것은 1951년까지 큰 곡절없이 계속된다. 1951년 3월 1일, 벤은 비트겐슈타인의 임종을 지키기도 했는데, 그 마지막 자리에는 안스콤(E. Anscombe), 스마이시스(Y. Smythies), 드루리(M. Drury) 등도 합석했다. 그것은 철학사의 뒤안길에서 엿볼 수 있는 참으로 묘한 자리였을 것이다.

21세의 남학생 프란시스 스키너(Francis Skinner)와 사랑에 빠진 것은 1930년이었고, 비트겐슈타인의 나이 41세 되던 해였다. 당대 아카데미아의 속물주의를 염오했던 그는 젊은 프란시스에게서 어린애 같은 순박함과 예리한 두뇌, 그리고 맹목적인 헌신을 발견했고, 그 속에서 그의 전기 철학으로 대변되는 지적 염결주의와 쾌락불안의 대체물을 희구했다. 스키너와의 성관계를 언급한 유일한 경우에서 그 행위로 인한 자괴감을 숨기지 않고 있는데, 이것은 그의 성벽과 기질, 취향과 철학적 태도로부터 어렵지 않게 유추할 수 있다. 어쩌면, 그에게 여성혐오가 보다 노골화되지 않은 것만도 다행한 노릇이겠다. 톨스토이와 도스토예프스키에 심취했고, 수도자와 같은 여건 속에서 지적 신비주의자의 아우라를 달고 다녔으며, 한편 20세기의 볼테르였고 자유연애주의자였던 스승 러셀에게 종교를 권유하기조차 했던 비트겐슈타인이 금욕주의적 외양을 보인 것은 당연하다.

그렇기에, 그의 인종(신이 선택한 '음탕한 유대인' 이라는 모순적 스캔들)과 함께 그의 동성애적 취향은 그 자신의 지적 결백주의와 양립하기 어려운 자가당착의 사실일 수밖에 없었다. 말하자면 그는 '생활양식으로서의 동성애'를 말한 푸코와는 완전히 딴 세상에 살고 있었던 셈이고, 마찬가지로 그는 그만큼 비(非)정치적 인간이었다. 물론 나이와 더불어 그는 자신의 성적 정체성에 보다 수용적인 태도를 보이지만, 그의 일상언어분석적 후기철학마저 당대의 정치성을 비켜갔던 것에는 보다 깊은 이유가 숨어 있는지도 모른다. 이 솔직하고 까다로웠던 천재는 솔직할 수 없었던 삶의 부분을 힘들게 억압함으로써 당대 최고의 철학적 언설을 뱉아놓았다. 그러나 누가 알랴? 그의 애인들이 겪었던 그 분열의 후유증은?

비트겐슈타인(Ludwig Josef Johann Wittgenstein, 1889~1951)
세계적인 철학자 러셀에게 자신의 천재성을 입증하는 논문을 제출하여 케임브
리지 대학에 정식으로 입학한 뒤, 1차 대전 중 최전방에 자원입대하였고 이 기
간에 『논리-철학 논고』를 완성했다. 그 이후 초등학교 교사, 정원사, 건축가, 케
임브리지 대학교수로 활동하며 천재성과 지적결벽, 금욕주의와 동성애적 성향
사이의 충돌에 기인한 것으로 보이는 숱한 일화를 남겼다.

호의가 관계를 구원하지 못한다

프로이트와 융

무릇 아버지는 죽여야 하고,
스승은 능가해야 제 맛이다.

Sigmund Freud

Carl Gustav Jung

프로이트와 융의 관계를 떠올리면 어떤 지긋한 슬픔의 상념을 피할 수 없다. 내 개인의 정서적 이입 탓이겠지만, 우선 그것은 '호의가 관계를 구원하지 못한다'는 동무론의 제1의(第一義)와 관련된 것이다. 더불어, "어떤 사람은 시간이 지나면서 은혜를 베푼 상대에게 분노 속에서 버림받곤 하는 배은망덕의 운명을 타고난 것처럼 보인다"〔『쾌락원칙을 넘어서』(1920)〕는 프로이트 자신의 쓸쓸한 회오(悔悟)와 관련된 것이기도 하다.

혹은 블룸(H. Bloom)식으로 말하자면, 그 모든 재능 있는 후배는 강하고 권위 있는 선배를 거의 필연적으로 오독(誤讀)하고 오해함으로써 창조의 대열에 합류한다는 이야기의 슬픔일까? 혹은 지라르가 잘 분석해놓았듯이, 모방자는 모델을 필연적으로 멀리하면서 자신의 기량과 스타일의 독창성을 어느 엉뚱한, 부재하는 기원 속에서 찾으려는 낭만주의적 허영에 관한 슬픔일까? 혹은 남녀의 사랑이 결국은 자기 자신을 더 사랑했어야 했다는 사후적 재구성의 고집으로 귀착하듯이 강한 남자들의 우정은 결국 권력싸움으로 변질하고 만다는 통속 소설류의 슬픔일까?

1907년 3월의 어느 날, 32세의 융이 이 사계의 대가를 처음 만난 자리에서 열세 시간을 거푸 얘기하며 의기투합한 사건은

유명하다. 그러나 이 사건은 유명한 만큼 징후적인데, 이러한
종류의 초기증상(初期症狀)은 그 자체로 폭발적인 생산성을 기
약하는 듯이 보이지만 대체로 관계의 지속성에는 불길한 조짐
이기 십상이기 때문이다. 아무튼 프로이트는 이 호감을 지속
적인 호의의 관계로 발전시켰고, 이후 5년간 그와 공동작업을
펼치는 계기로 삼았다. 그러나 그가 창안한 정신분석운동을
국제적으로 파급시키는 과정에서 결국 그 호감과 호의는 공적
신뢰와 협력으로 이어지지 못했다.

실로 인간관계의 세속성(世俗性)은 사적 호감과 공적 신뢰
사이의 하염없는 어긋남을 그 본질로 한다. 의도가 순수할수
록 그 의도는 세속 속으로 외출할 수가 없고, 호감이 깊을수록
그 호감은 불모(不毛)의 것으로 드러나게 마련이다. 그래서 '본
질 없음이 곧 세상의 본질'(아도르노)이며, 은유(닮음)와 환유
(근접)라는 우연성의 와류 속에서 쉼없이 휘둘리는 게 우리네
세속의 일상이다. 혹은 마치 사이드(E. Said)가 '텍스트의 세속
성'을 말하는 것처럼, 호감과 호의라는 사적·심리적 텍스트
는 세속적 상황과 관계의 혼만잡착(混滿雜錯)에 부딪치고 얽힘
으로써 그 비본질의 본질을 스스로 드러내게 되는 것이다.

프로이트는 융을 〈국제정신분석학회〉(International Psycho-
analytical Association, IPA: 1910년 창립)의 회장으로 선출시키

기도 했지만, 그 열세 시간의 불길한 조짐이 예시한 것처럼, 이 정신분석학의 황태자는 황제의 호감과 영토를 뒤로 한 채 제 갈 길로 가고 말았다. 가령 『문명화 과정』(1939)의 노르베르트 엘리아스가 오연하고 진지한 자기 연단의 과정을 겪으며 옛 스승이자 친구인 칼 만하임에게 진 빚을 잊어버리려고 했다든가, 『존재와 시간』(1927)의 하이데거는 스스로 나치가 되어 바로 그 책의 헌정 인물이었던 스승 후설이 유대인이라는 이유로 내몰린 궁지를 모른 체했다든가, 하는 인간의 세속을 구성하는 무수한 배은망덕, 혹은 어긋남의 슬픔이랄까?

스승 프로이트는 세속적인, 너무나 세속적인 부르주아 과학자였다. 『환상의 미래』(1927)의 말미에서 그는, "과학이 줄 수 없는 것을 다른 곳에서 얻으려 하는 짓은 환상"이라고 결론짓는다. "평생 권위를 까부순 죄로 내 자신이 권위가 되었다"는 아인슈타인의 회고와 같이, 평생 인간의 갖은 환상들을 까부순 죄로 프로이트 역시 스스로 현대 학문의 환상이 되고 만 것이다. 마르크스가 지식계의 유령이 되었듯이, 그리고 니체가 현대철학의 '가시' 같은 존재가 되었듯이, 그 역시 과학의 잉여로 구성된 하나의 환상이 된 것. 그러나 융은 목사의 아들이었고, 그 목사의 아들은 그 스승이 취한 과학적 계몽주의의 길을 온전히 답습할 수는 없는 노릇이었다. 라이히 등이 스승을 정치적으로 전유하려 했다면, 융은 그 스승에 대한 신화적 ·

종교적 재서술에 놀라운 재능을 보인다. 어쨌든 목사의 아들
이라면, 단언하건대, 필경 니체나 슈바이처 사이의 진자 운동
속에 머물 수밖에 없을 테다. 그렇게 보면, 막스 베버가 시사
하듯이 종교와 세속 사이의 근본적인 차이는 이성의 분화(分
化)인데, 융의 '통합적' 심리학을 '분석심리학' 이라고 부르는
일은 역설적이다.

알다시피 프로이트와 융을 이간시킨 초점을 명시적으로는
성이론에 둔다. 융은 공동작업의 후반기에 들면서 신경증의
성적 토대를 불신하기 시작했고, 마침내 『무의식의 심리학』
(1912)을 통해 살부(殺父)의 기치를 분명히 한다. 급기야 1914년
에는 〈국제정신분석학회〉에서 탈퇴하고 만다. 일면 이 관계는
억압적인 빅토리아 시대의 가부장과 목사의 아들 사이의 갈등
으로 비치기도 한다. 기질과 취향은 종종 대의와 이론의 탈을
쓰고 움직이기 때문이다. 흥미롭게도 융은 프로이트의 성이론
을 비판하는 틈틈이 그의 비(非)종교성(irreligiosity)을 냉소적
으로 거론하곤 했다.
　"프로이트는 자신의 비종교성이 대단한 것인 양 떠들어대
곤 했다. 그러더니 이제는 그가 상실해버린 신(神)의 자리에
성(sexuality)이라는 또 다른 강력한 이미지의 도그마를 만들어
놓았다."〔『회상, 꿈, 성찰』(1961)〕.
　융에 따르면, 신이 추방된 프로이트의 정신분석학에서 '성

적 리비도'가 '숨어있는 신(Deus Absconditus)'으로 둔갑했다는 것이다. 나아가, 융은 스승의 심리를 (극히 융답게!) 발밭게 '분석'하는데, 프로이트가 그토록 성에 집착하는 이유를 "종교적(신비적)이라고 불릴 수밖에 없는 자신의 이면으로부터 도피하기 위한 것"(같은 책)이라고 단언한다. 또 다른 제자 아브라함(K. Abraham)의 지적처럼, 융은 결국 '목사의 아들'이었고 프로이트의 성이론을 소화하기에 기질적으로 어려움을 겪는다. 그러고 보면, 문제의 틀은 신(神)과 성(性)이다.

'내리사랑'이라고 하듯이, '치사랑'은 그 중력만큼이나 어려운 모양이다. 프로이트와 융 사이에 오고간 편지글을 살펴노라면, 그 내리사랑의 내력을 짐작할 수 있을 뿐 아니라, "분노 속에 버림받는 배은망덕의 운명……" 운운하는 그의 탄식에 어느 정도의 실감이 생긴다. 둘 사이의 관계가 상종가를 쳤던 1910년 8월 10일자의 편지에서 프로이트는 융을 가리켜 "나의 아들이자 나의 계승자"라고 뜨겁게 부른다. 역시 같은 해의 6월 19일자 편지에서 프로이트는, 그들 사이의 관계를 질투하는 이들이 사방에 득시글대는 현실을 환기시키고는, 밀려드는 역경을 헤치고 견결히 함께 버텨야 한다는 것, 그리고 때로 내키지 않더라도 자신의 말을 경청해야 한다는 것을 생급스레 강조하고 있다.

그러나, 그 모든 잘난 아들의 운명처럼 융은 프로이트의 말을 듣지 않았다. 무릇 아버지는 죽여야 하고, 스승은 능가해야 제 맛이다. 영리하고 반지빠른 이 목사의 아들은 프로이트의 '과학적 실증주의'에 반기를 들었고, 신화와 정신주의(spritualism), 연금술과 동시성의 이론을 일구면서 그 나름의 일가를 이루었다. 사상사적으로 보면 융의 이반은 반종교주의적 프로이트를 보완하거나 견제하면서 정신분석 속에 종교의 자리를 살려놓은 셈이다. 한편, 20세기 인문사회과학의 주류를 이룬 프로이트의 후예들은 융의 분석심리학을 체계적으로 소외시킴으로써 그 살부의 죄를 다시 묻고 있다.

그나저나, 나는 호의가 구원하지 못한 둘 사이의 관계를 지금도 슬프게 추억할 뿐이다.

"내 아들 알렉산더여! 내가 정복한 것보다 더 많은 영토를 네가 정복할 수 있도록 해주마!"(융에게 보낸 프로이트의 편지, 1910년 3월 6일자)

프로이트(Sigmund Freud, 1856~1939)

꿈의 분석이 무의식에 대한 지식을 얻는 지름길이라고 주장하는 정신분석학을 개척하여 독보적인 지위를 점하고 있던 프로이트는 융을 자신의 이론적인 상속인으로, 아들로 여겼다. 그러나 프로이트가 자신의 이론에서 오이디푸스적인 갈등의 보편성을 강조한대로, 융은 프로이트의 성욕중심설에 반기를 들고 독자적으로 무의식세계를 탐구하여 분석심리학설을 제창하기에 이른다.

융(Carl Gustav Jung, 1875~1961)

스위스 북동부 작은 마을에서 목사의 아들로 태어나 의대교수로 활동하면서 프로이트의 『꿈의 해석』을 접하였다. 1907년, 프로이트를 최초로 만난 이후 5년 넘도록 그와 활발한 서신교환과 학문적 협동을 하여 분석학파의 핵심인물이 되었으나 성이론에 부합되지 않는 모든 영역을 신비주의로 치부하는 프로이트와 결별한 뒤, 집단무의식까지 아우르는 연구 분야를 개척한다.

3, 혹은 살로메의 아이러니

루 살로메와 니체

Lou Andreas-Salomé

Friedrich Wilhelm Nietzsche

총명하고 매력적이지만 남자들의 세상과 그 논리에 직수긋하게 응종하기 싫은 여자는 어떻게 살아야 할까? 남자들의 '재능'을 넘어서지만 바로 그 남자들의 '체계'를 넘어설 수 없는 여자들은 어떻게 운신해야 할까?

목에서 늘어진 스카프가 남자들이 만든 자동차의 바퀴축에 말려들어 운명보다 빠르게 죽어버릴까(이사도라 던컨), 아니면, 남자 한 명이라도 품에 안고 현해탄에 몸을 던져 스스로의 운명을 완결시킬까(윤심덕)? 만일 명민한 약자들이 쉽게 빠지는 시적(詩的) 히스테리에서 벗어날 수 있다면, 그래서 자신의 슬기를 산문적 근기와 이드거니 섞을 수 있다면, 필시 그 여자는 운명보다 느리게 사는 법을 익힐 것이다.

강자의 취향이 약자의 운명으로 주어질 때, 총명한 약자는 흔히 자신의 삶을 극적으로 포기함으로써 그 운명의 차꼬를 떨쳐버리려 한다. 빈대와 더불어 초가삼간을 태우는 짓은 반드시 어리석은 자들의 몫이 아닌 것이다. 히스테리, 그것은 운명 속에 억압된 약자의 재능이 몸을 통해서 말하는 방식이자 그 몸을 태우는 방식이기도 하다. 마치 헤겔과 대치하는 니체처럼, 혹은 로댕과 대치하는 까미유 끌로델처럼, 남성지배체계 속의 똑똑한 여자들은 시적 히스테리 속에서 주어진 운명과 절망적으로 대치하다가 부실(不實)의 꽃으로 아름답고 슬프게 미쳐간다. 환상을 깨고 자신의 진실을 응시하는 비용이 가히 정신병적이듯이, 자신의 가능성을 알고도 체계에 의해 그 가능성이 소각(消却)되는 비용은 족히 신경증 이상이다.

하지만 '그녀'는 까미유나 밀레바 마리치(M. Maric)와 달리 남자 – 애인을 위해 무료봉사할 마음은 추호도 없었다. 남자의 명성 속에 자신의 재능을 동화시키거나 운명을 복속시킬 수 없는 게 그녀의 천품이자 기질이었다. 그렇다고 권력과 자본의 구애를 뿌리치고 진실과 정면으로 대결해서 당당하고 슬기롭게 사는 여자, 『성』(카프카)의 아말리아와 같을 수도 없는 여자가 그녀였다. 운명보다 빠른 걸음을 지니고 있었지만, 운명보다 느리게 살 줄 알았던 여자, 바로 그녀가 루 살로메였던 것이다.

운명보다 빠른 걸음으로 운명보다 느리게 사는 방식은 물론 '놀이'이며, 그녀는 놀이의 명수였다. 꼭 그녀만이 아니라, '총명하고 매력적이지만 남자들의 세상과 그 논리에 직수굿하게 응종하기 싫은 여자'는 으레 놀이에 능하게 된다. 『놀이와 인간』(1958)의 로제 카이와(Roger Caillois)가 놀이의 특색으로 거론하는 현기증(Ilinx), '즉흥과 희열의 원초적 힘(paidia)', 그리고, '모험심(ludus)' 등은 모두 각박한 남성체계 속에 던져진 똑똑한 여자들의 자기구제적 운신의 방식으로 재구성·재평가할 만한 개념들이다. 물론 호이징하(J. Huizinga)의 놀이론과 달리, 매력적이지만 남자를 위협할 정도로 똑똑한 여자에게 놀이란 종종 생존의 문제로 드러난다. 그것은 다만 한가하고 무익한 형식성의 유희가 아닌 것이다. 카이와의 설명에는, 놀이가 '가면(masque)을 쓰고 현기증(vertige)을 일으키게 하는 임의의 행위'로 정의되는데, 기이하게도 이것은 루 살로메가 남자들을 만나고 헤어지는 방식을 정확히 짚어낸다. 그리고, 이 현기증의 놀이는 3(삼각형)의 구조, 그 긴장의 아이러니 속에서만 생명을 얻는다.

신과 조국과 남자의 그림자 속에 묻히기를 거부한 그녀는 가면을 쓴 채 남자들의 템포와 달리 어긋나게 움직이면서 남자들로 하여금 현기증의 쾌락에 도취하게 만든다. 그것이 곧 생존이 된 아이러니인 것이다. 방년 17세였던 그녀는 목사 H. 길로트(H. Gillot)의 지식을 왕성하게 소화하지만, 이 유부남의 혼인 제의에 실망하고 스위스로 도피한다. 말하자면, 혼인은 생존이 된 아이러니의 유희 속에는 애초에 없던 항목이었던 것이다. 짐멜이 분석한 '연애유희'라는 개념처럼, 연애는 유희이자 사회적 약자의 자기구제법이니, 이 목사처럼 설맞게 혼인을 바라는 것은 아무래도 반칙! 마찬가지로, (R. 로티처럼 말하자면) 혼인이라는 상식에서 가장 멀리 떨어진 것이 연애라는 아이러니.

“우리가 여기에서 다시 만난 것은 어느 별이 도운 것일까
요?”

그녀를 처음 본 니체가 건넸다는 유명한 인사말이다. 역시
심오하게 분위기 파악을 못하는 니체 특유의 화법이다. 이 익
살스러울 만치 생급스러운 말은 지적으로 심오한 남자의 구애
속에 종종 드러나는 일종의 증상이다. 호사가들은 니체와 루
살로메를 엮어 공상의 애드벌룬을 띄우기 좋아하지만, 둘 사
이의 만남과 사귐은 그것 자체로는 실로 아무것도 아니다. 그
것은, 통속, 통속, 수많은 갑순이와 갑돌이 사이의 어긋남이
오늘도 변함없이 엮어내는, 그저 보아주기에도 눈이 시린 통
속일 뿐이다. 파울 레(Paul Rée)가 그녀에게 니체를 가지고 놀
지 말라고 부탁했을 만큼 그녀 앞의 니체는 조급했고 들떴으
며 상상할 수 없이 비철학적이었다. 38세의 니체는 변변한 데
이트조차 없이 21세의 그녀에게 청혼함으로써 전래의 남성주
의적 반칙을 반복한다. 그러나, 아뿔사! 스물한 살의 그녀가
실로 사랑한 것은 ‘비교할 수 없이 섬세하고 아름다운 니체의
손’이었고, 그것이 그녀의 아이러니였다. 그리고, 아이러니는
유머와 달리 필경 상대에게 의도치 않는 상처를 입히게 마련
이었다. 이것은, 마치 히틀러의 섬세하고 하이얀 손을 좋아하
고 신뢰했던 하이데거의 직관과는 그 종류가 다른 것이었다.

그러나 마흔에 가까운 이 천재 철학자는 혼인이라는 상식으

로 얼뜨기처럼 무장한 채 그녀의 아이러니와 불구적으로 대치한다. 물론 통속적으로 상처받은 남자의 반응 역시 통속적이니, 니체는 여동생 엘리자베스의 중상모략에 턱없이 호응하며 결국 루 살로메를 '성불능자'로 매도하는 데에 이르고 만다. 그러니까, 남자의 천재는 그가 사랑하는 여자 앞에서야 그 온전한 성격을 드러내는 것이다.

그녀는 26세가 되던 1887년 안드레아스와 혼인하면서 후세 독자들의 상상적 기대를 깨트리지만, 얼마 후 둘 사이의 계약을 통해 이혼을 제외한 모든 행동에서 자유를 얻게 된다. 이를테면, 그것은 3(그녀, 남편, 타자를 향한 자유)이며, 3이기에 가능해진 아이러니의 삶, 그 긴장이다. 물론 길로트 목사의 경우에도 그것은 3(그녀, 길로트의 혼인, 공부/유학이라는 야심)이라는 운명적인 놀이였다. 니체가 죽기 몇 달 전인 1900년 4월, 39세가 된 그녀는 남편 안드레아스, 그리고 약관 24세의 연인 릴케와 더불어 고국 러시아를 향해 여행을 떠난다. 여기에서도 역시 3은 내용적 차이를 이루면서 반복되는데, 그녀는 3이라는 아이러니의 긴장이 주는 역설적 통기(通氣) 속에서만 자신의 진정한 존재를 향유할 수 있었다. 니체와의 관계에서도 그녀는 내내 3(그녀, 파울 레, 니체)을 유지했고, 운명의 표정을 지으면서 심오하게 구애하는 니체에게 단 한 번도 둘만의 밀회를 허락하지 않았다.

벤야민의 경우처럼 니체도 여자들에게 그리 매력적인 존재가 아니었던 모양이다. 하기사, 장동건이나 레오나르도 디카프리오의 얼굴을 붙인 채 두문불출하며 하루 열 시간씩 책을 보고 글을 쓰기는 쉽지 않으리라. 루 살로메는 결코 니체를 사랑하지 않았다고 한다. 그러나 그녀는 사랑에는 너무나 서툴고 우정에는 너무나 무거웠던 이 천재의 재능을 단박 알아낸다.

"니체에게는 이런 영웅적인 성격이 있다. 우리는 니체가 새로운 종교의 예언자로 등장하는 것을 보게 될 것이고, 그는 많은 영웅을 제자로 삼는 사람이 될 것이다."(루 살로메의 일기 중에서)

루 살로메(Lou Andreas-Salomé, 1861~1937)

로마노프 군대 장군의 외동딸로 유럽 최초로 여성입학을 허가한 취리히 대학에서 수학했으며 철학도 파울 레, 니체와 함께 '학문적 동거'를 했으나 니체의 청혼은 거절하였다. 자살소동을 벌이며 청혼한 터키어 교수 칼 안드레아스와 죽을 때까지 간섭 없는 결혼관계를 유지하면서 릴케, 프로이트 등 당대의 지성들과의 긴밀한 관계를 이어가며 창작활동 및 정신분석 작업을 펼쳤다.

니체(Friedrich Wilhelm Nietzsche, 1844~1900)

자신의 청혼을 거절한 루가 파울 레와 동거중임을 알게 된 니체는 그녀에게 간청, 협박편지를 썼으며 니체의 여동생은 루의 문란함을 폭로하는 편지를 그녀 및 파울 레의 가족에게 각각 발송하였다. 이러한 실연의 과정에서 니체는 그의 최대 저작 『짜라투스트라는 이렇게 말했다』의 1부를 10일 만에 완성하였고, 그녀와의 만남을 통해 작품을 완성할 수 있었노라 언급했다.

자네가 진정 사랑하는 것은 이것이라네

히파티아의 생리대

자네가 진정 사랑하는 것은 이것이라네

정신적 · 학술적 동아리 내에서
호감의 배치와 애정의 처리는 아킬레스의 건이다!

Hypatia

피타고라스의 영감이나 공자의 도덕적 지혜, 혹은 묵자(墨子)의 근기와 같은 특출한 개인의 카리스마가 솟대처럼 솟은 공동체는 사라지고 말았다. 베버나 짐멜의 분석을 빌리지 않더라도, 근대는 중세적 보편성(catholicity)·총체성의 분화(分化)이자 전문화이며, 그것도 관료화이자 심지어 물화(物化)인 것이다. 그리고 이는 근대화의 기계주의와 도구주의의 양면성—효율성과 비인간성—을 여실히 보여주는 특성들이 아닐 수 없다.

1974년 케임브리지 대학의 휴이시(Antony Hewish)는 펄서(Pulsars)를 발견한 공로로 노벨 물리학상을 받았다. 그러나, 펄서를 처음으로 발견해내고 그 별의 성격을 파악했던 사람은 해당 연구실의 일원이었던 젊은 대학원생 버넬(Jocelyn Bell Burnell)이었다. 근자 황우석 사태를 통해 그 우울한 단면이 공론화되기도 했지만, 로스(J. A. Roth)의 표현처럼, '연구실'이라는 그 엄숙한 이름의 공간은 이미 신독(愼獨)의 창의적 공간이 아니라 조직적 '생산라인'으로 변하고 말았다. 턱없이 많은 수의 논문이 기계적으로 양산되는 것이나 이와 관련해서 드물지 않게 적시되는 조작과 표절은 앞서 말했듯이 인간성이 도구적 효율성의 그늘 아래 체계적으로 소외될 수밖에 없는 탓이다. 고쳐 표현하자면, 연구자들 간의 평등하고 민주적인 의사소통적 '공동체'가 아니라, 연구 책임자가 피라미드의 꼭

짓점을 점유한 형태의 '체계'로 변질한 탓이 크다. 더구나 산학(産學)의 동거체제에 편입된 연구실은 사제 간의 인격적 교류와 지적 긴장을 놓친 채 권력욕망과 화폐욕망의 굴레에서 자유로울 수 없게 되었다. 하버마스의 표현을 차용하면, "전문가 문화가 의사소통적 일상행위의 연관으로부터 엘리트주의적으로 분리된 병리현상"인 셈이다. 마치 심리학이 심리학주의의 덫에 물리곤 하듯이, 엘리트의 공동체가 엘리트주의의 체계 속에 빠지는 일은 비일비재하다.

'동무'라는 미래적 연대의 형식을 구체화하는 지적 공동체의 조건은 무엇이며, 또 그 한계는 어떻게 나타나는 것일까? 학술 공동체가 대화적 합리성과 신뢰와 평등한 상호비판의 인격적 관계를 생략한 채 관료제적으로 비대화 · 기업화 · 체계화하는 과정은 앞서 말했듯이 양가적인 현상으로, 근대화 일반의 명암과 재상(災祥)을 나누어 가진다. 즉, 전문화의 양지에서 얻는 소득은 체계화의 음지에서 벌어지는 희생과 우환을 그 대가로 지불해야 하는 것이다. 전문가적 체계의 합리(合理)는 아마추어적 공동체의 정리(情理)를 억압한 덕에 얻은 생산성이지만, 정작 중요한 것은 그 생산성의 값이 아닌 가치이며 규모나 크기가 아닌 그 벡터(vector)의 의미다.

지적 · 학술적 공동체 역시 전문화 · 체계화라는 자가당

착—내 말로 고치면, 역설(力說)/역설(逆說)의 형식—을 고스
란히 겪을 수밖에 없다. 이것은 공부를 매개로 삶의 형식을 나
누려는 동무들의 연대에서도 피할 수 없는 문제로 보인다. 체
계화의 폐해를 피해가는 전문화는 어떻게 가능한가? 제도의
자기무게(관료화)에 눌리지 않는 생산성을 지머리 키우는 방
식은 무엇인가? 노동과 그 조직적 생산은 너와 나 사이의 사
적 관심이나 환대와 어떻게 이어질 수 있는가?

우선, 공부든 혹은 다른 종류의 생산이든, 그 모두가 '사람
의 일'이라는 관점에서 접근할 필요가 있다. 정리/합리 중의
어느 한 편에 치우쳐 '사람/일' 중의 어느 한 쪽을 소외시키는
방식은 길게 보아 현명하지 않기 때문이다. 가령 나는 그간 여
러 가지 공부 모임들을 구성하고 운영하는 가운데, 이같은 원
칙을 다음과 같은 3가지 실천적 준칙(準則)으로 나누어 구체화
해보곤 했다. 첫째는 인식의 노동이고, 둘째는 정서의 노동이
며, 마지막 셋째는 체계의 노동인데, 공부 모임의 각 구성원은
전래의 인식중심주의에서 벗어나 정서노동과 체계노동을 병
행함으로써 인간적 신뢰와 인정, 그리고 상호작용의 토대를
선용할 수 있는 실천적 공부에 주력하도록 해왔던 것이다.

물론 대개의 노동은 사적 관심을 체계적으로 깎고 밀어내
는 가운데 그 생산성을 높이는 법이다. 거꾸로, 뒤르켕 이후

의 서구 인류학자들이 신화적 사고에 특유한 현상으로 자연(객관성)과 문화(주관성)의 혼동을 지적하는 것처럼, 베이컨(F. Bacon) 이후의 자연과학적 태도에서 분명해지듯이 근대적 노동과 생산은 자연에서 특권적으로 이탈한 인간이 '주체적'·체계적으로, 그리고 약탈적으로 그 자연으로 되돌아가는 방식이다.

이와 관련하여 자유주의자들이 그 자유의 생산성을 높이기 위해서 한결같이 공사(公私)의 구별을 강조한 것에도 주목할 필요가 있다. 마찬가지로, (금세기의 노동 시장의 풍경은 일신한 면이 있긴 하지만) 대체적으로 전문가들이 '사복'이 아닌 '제복'을 입고 일한다는 사실, 산업혁명을 거치면서 자연적·농촌공동체적·통합적·사적 신체들이 문화적·도시체계적·분화적·공적 신체들로 변형되어갔다는 사실, 그리고 (할리우드 영화 속에서 흔히 들을 수 있는 대사처럼) 사업(business)과 쾌락(pleasure)을 혼동하지 않으려는 태도 등, 전문화한 노동은 여전히 사적 관심이나 쾌락을 체계적으로 저지하거나 유예시킨다. 그러므로 기왕 우리들의 삶이 놓인 자리가 '공동체'가 아닌 '체계'일진대, 정리는 합리와 구별되어야 하고, 사적 관심은 공적 제도에 의해 규제되며, 과정은 오직 결과를 통해서 정당화될 뿐이다. '놀이 속에서 일하고 즐기면서 생산한다'는 일부 프로이트 좌파의 이념은 아직도 급진적 이상으로 남아 있을 뿐이다.

성행위를 일종의 폭력과 혼란으로 여겨 노동세계와 대립한
다고 전제한 바타이유의 생각도 상식적이긴 마찬가지다. 성행
위를 규제하는 타부와 규칙은 결국 노동세계의 탄생을 예비하
는 전제라는 것이다. 그러면, '동무'라는 미래적 연대의 형식
을 구상할 때, 그 형식을 내부에서부터 위협하는 사랑과 노동
의 불협화에 어떻게 대처할 수 있을까? '이성과는 우정을 나
눌 수 없다'는 그 오래되고 완고한 통념이 차마 바라볼 수 없
는 아득한 지평은 대체 그 어떤 상호작용의 지혜 속에서 구현
되는 것일까?

철학도라고 하더라도 히파티아라는 여성을 기억하는 이는
적을 것이다. 고대 그리스의 수학자이자 철학자였고 탁이(卓
異)한 매력의 주인공이었던 히파티아는 알렉산드리아를 중심
으로 마치 피타고라스 학단을 방불케 하는 정신적·학술적 공
동체를 이끈 인물이다. 제자들은 그녀를 신성한 지혜의 구현
자로 숭배했고 각자의 역량과 운명을 그 지혜의 불꽃 속에서
버렸다.

히파티아는 후기 플라톤주의의 불씨를 이이가며 철학과 종
교적 신비를 일치시키는 교육으로 자신의 유현(幽玄)한 명성

을 한껏 높였다. 키레네의 시네시우스(Synesius)의 편지에 따르면 '플라톤의 머리와 아프로디테의 몸'을 지닌 히파티아의 카리스마는 대단한 것이어서, 권력욕과 화폐욕으로 점철된 오늘날의 관료제적 아카데미아 체계 속에서는 상상하기 어려운 헌신과 신뢰의 대상이었던 모양이다. 심지어 제자들은 그녀를 중심으로 이루어진 이 비밀 학술 동아리가 신성한 힘으로 보전(保全)된다고 믿을 지경이었다.

그런데, (아니나 다를까!) 그 흔하디흔한 문제가 여기에서도 생기고 말았다. 다마스키우스(Damascius)의 기록에 따르면, 제자 중의 한 사람이 그만 이 매력적인 스승을 사랑하게 되었고 급기야 고백이라는 만고의 반칙(!)을 범하고 말았던 것이다. 철학적 아파테이아(apatheia, 부동심)를 가르치면서 완벽한 금욕과 순결을 실천했던 스승 히파티아는 당연히 그의 사감(私感)을 환대하지 않았다. 동아리 내의 수평적 결속력과 더불어 수직적 의존도가 깊어지면서 공사(公私)의 분별이 중요한 문제로 떠오르게 마련이고, 이 경우 호감의 배치와 애정의 처리는 아킬레스의 건이다. 동무들의 동아리에서 높은 인간적 성숙뿐 아니라 섬세하고 지속가능한 제도를 궁리해야 하는 이유가 바로 여기에 있다. 그러나, 지혜와 영감의 스승답게 히파티아의 대답은 역시 플라토닉한 것이었다. 그녀는 자신을 사랑한 제자에게 자신의 '생리대'를 보여주었다고 한다.

"나의 제자여······. 자네가 진정 사랑하는 것이 바로 이것이
라네. 그러나 자네는 아름다움을 그 자체로 사랑할 수는 없
지······. 육체는 그림자일 뿐이라네."

히파티아(Hypatia, 355~415)

이집트 알렉산드리아의 학문기관이었던 무세이온의 관장 테온의 딸로서 아테네와 이탈리아에서 유학하여 당대 최고의 여성 수학자 겸 천문학자로 인정받았다. 30대에 무세이온 교수로 초빙된 그녀가 강의할 때마다 알렉산드리아의 부호, 명사들이 강의를 듣기 위해 타고 온 마차가 줄을 이었다고 한다. 그러나 신플라톤주의를 신봉하는 히파티아가 기독교 세력을 약화시키기 위해 알렉산드리아의 사령관을 이용하고 있다는 악질적인 소문이 기독교도들 사이에 퍼지게 되었고, 이에 일단의 기독교 세력이 귀가 중이던 그녀의 마차를 길목에서 납치한 뒤, 히파티아를 벌거벗겨 살해한 뒤 사체를 소각했다. 그녀의 비극적 죽음은 고대 헬레니즘 세계의 문화, 학문 전통이 종교와의 갈등으로 쇠락하는 과정을 극적으로 보여주고 있다.

현명한 회의(懷疑)의 길

J. S. 밀과 해리엇 테일러

"우리 두 사람(칼라일과 밀 자신)보다 훨씬 뛰어난 시인이자 사상가인
이 사람(테일러 부인)이 나에게 칼라일을 해석해주기 전에는
나는 조금이라도 명확하게 그를 판단할 수 있다고는 생각하지 않았다."

John Stuart Mill

Harriet Taylor

철학을 내 세속의 전공으로 삼은 이래로 명개 먼지 한 톨만큼도 후회해본 적이 없었으니, 박복한 중에 그나마 큰 행운이 아닐 수 없다. 철학의 사회적 위상은 나날이 위태롭지만 나는 오히려 그 무능을 '급진화' 시킬 궁리로 그 어느 때보다 바쁘다. 기술과학시대 속의 철학자를 '존재의 목자(Hirt des Seins)' (하이데거)로 내세우기도 하지만, 내가 애호하는 표현은 오히려 '부재의 목자' 이며, 간단히, 부재의 생산성과 무능의 급진성이야말로 인문(人紋)의 가장 오래된 미래일 것이다.

철학공부에 따르는 쾌락의 한 가지는 사상가들의 인간미에 취하는 가운데 그 삶의 양식을 배우며 스스로를 바꾸는 일이다. 이렇게 회고하자면, 토마스 모어, 브루노, 스피노자, 남명 조식, 흄, 볼테르, 연암 박지원, G.E. 무어, 그람시, 짐멜, 야스퍼스, 비트겐슈타인, 그리고 윤노빈 등등, 적지 않은 이들의 인문(人紋)은 그 자체로 내 삶의 일차적 주이상스(jouissance)였으니, 이 선학들의 삶과 사상에 오직 머리 숙여 감사, 감사할 뿐이다.

철학으로만 치면 굳이 밀을 웅변할 일은 없겠지만, 그의 글과 삶에서 느낀 인간적 겸손과 지혜의 맛은 공붓길의 조미료가 되기에 충분할 정도였다. 그는 모어나 야스퍼스 같은 현인

(賢人)이랄 수 있는 인물이지만, 특히 내게는 테일러 부인과의 감명적인 사랑과 현대 여성학 연구사의 뿌리인 『여성의 복속』(1869)으로 독특한 인상을 남겨 놓았다. 그는 이 책 속에서 전통적인 성역할에 대해 최초의 분명하고 합리적인 비판을 가한다.

"어떤 일반적인 전제 아래 어떤 사람들은 어떤 일을 하는 데에 적합하지 않다고 예단(豫斷)하는 것은 적절한 권위의 경계를 침범하는 짓이다."

약간 우회해서 내 취지를 밝혀 보자. 가령 나는 오랫동안 칼라일(T. Carlyle)에 대한 밀의 호의를 이해할 수 없었다. 아니, 이해할 수 없었다기보다, 심정적으로 동의할 수 없었다는 말이 더 적합할 것이다. 그것은, 마치 러셀이 그 성정상 니체를 좋아할 수 없었듯이, 현명한 합리주의자인 밀이 그 성급한 격정의 보수주의자 칼라일을 좋아할 수 없었으리라는, 혹은 좋아해서는 안 된다는 어떤 직관적 분개였다. 역사와 영웅의 세기에 『영웅숭배론』(1841)을 집필하기도 했던 칼라일은 19세기 후반 영국의 자유주의 개혁에 반대한 귀족주의자였고, 따라서 진보적 개혁주의자인 밀과는 어울릴 수 없는 면이 있었다.〔여담이지만, 『여성의 복속』과 같은 해에 출간된 매튜 아놀드의 『교양과 무질서』(1869)는 밀의 급진주의와 칼라일의 보수주의 사이에 놓이는 중도우파적 사회비평의 노작이다.〕 물론 자신의 『자서

전』(1873)의 곳곳에서 밀은 자신의 지적 · 인간적 변화와 더불어 칼라일에 대한 자신의 생각을 밝혀 놓았기에 그 궁금증은 어렵지 않게 풀릴 수 있었다.

그러나 역시 그 비밀마저도 테일러 부인에 있었던 것! 밀은 예의 겸손과 균형 잡힌 합리를 잊지 않고 칼라일의 직관과 시적 감성을 여러 차례 치켜세우기도 한다. 나는 성급한 독자로서 이 대목이 영 마뜩치 않았지만, 밀은 곧 테일러 부인을 소개하는 가운데 남자들 사이의 지적 허영과 경쟁의 지형을 단숨에 허물어버린다.

"그리고 우리 두 사람(칼라일과 밀 자신)보다 훨씬 뛰어난 시인이자 사상가인 이 사람(테일러 부인)이 나에게 그(칼라일)를 해석해주기 전에는 나는 조금이라도 명확하게 그를 판단할 수 있다고는 생각하지 않았다. 정녕 이 사람의 정신과 성품은 칼라일의 정신과 기품을 감싸고도 남음이 있었다."

당대 최고의 학재(學才)였던 밀의 이 한 마디는 여성에 대한 당대의 통념과 태도를 뿌리부터 뽑아버리는 태풍과도 같은 사건이었다. 부친의 교육체계 아래 그야말로 희대의 '공부기계'로 성장했던 밀은 스무 살을 넘기면서 역설(力說)/역설(逆說)의 순리를 좇아 우울증과 인생의 회의에 젖게 된다. 바로 이 때, 그의 존재 전체가 건조한 학문적 오성으로 메말라갈 때, 워즈

워드의 서정적 시세계와 테일러 부인이라는 운명의 여인은 그의 인생행로를 바꾸어 놓을 치유적 매개자로 등장한다. 밀이 24세이던 1830년에 만난 해리엇 테일러 부인과의 사랑은 이후 20여 년간의 플라토닉한 관계, 그리고 그녀의 남편 존 테일러가 죽은 이후에야 성사된 결혼 등으로 이미 유명하지만, 그러나 정작 유명해야 할 가치는 그 둘 사이의 진정한 평등과 조화의 실질적 관계가 낳은 것이었다.

밀은 그의 자서전에서, 자신이 지적·도덕적으로 발전하는 데 있어 가장 많은 것을 주었던 인물로서 주저함이 없이 테일러 부인을 꼽는다. 더 나아가서 세상이 이 여인을 알아보지 못하는 사실에 안타까움을 표한다. 밀이 소개하는 그녀의 '도덕적 특성'은 밀의 정밀한 합리주의적 품성을 고려하지 않는다면 차마 믿기 어려울 정도다.

"가장 고매한 긍지와 결합된 가장 진정한 겸손. 무릇 그것을 받기에 합당한 모든 사람에 대한 절대적인 순진성과 성실성. 무엇이든지 비열하고 비겁한 것에 대한 극단의 경멸, 그리고 잔인하거나 포악한 행위와 성격에 있어서 신의 없고 파렴치한 모든 것에 대한 타는 듯한 의분."

남성 우위의 가부장 사회에서 여자의 운명은 흔히 남자와 비대칭적으로, 그것도 종종 치명적으로 엉키고 만다. 형식적으로만 보면, '장사가 유대인의 운명'(아도르노)이라거나 '흑인의 운명은 백인'(파농)이라거나 혹은 '한반도의 운명은 미국'이라는 사정과 별 다를 바가 없다. 종종 남자라는 운명의 막(幕)을 걷어내고 '무소의 뿔처럼 혼자 가는' 여자들이 그 비용을 톡톡히 치르곤 하는 것을 우리들은 안타깝고 하릴없이 목도한다. 그들의 희생과 비용은 역사적 진보의 증후이자 가능성으로 정당하게 평가, 보상받아야 할 것이다.

개중에도 정녕 안타까운 것은 그 무소의 뿔들이 스스로의 진보적 생존을 위해 치러야 하는 자기 방어의 비용이다. 똑똑한 약자에게 특유한 깊은 우울과 얇은 명랑, 지나친 반응형성적 냉소와 무례는 흔히 자가당착의 독소가 되어 호의를 지닌 이웃들에게 상처를 주거나 결국 그들 자신의 앞길을 막는다. 나는 외롭고 성급하고 똑똑한 이 무소의 뿔들에게, 밀이 테일러 부인에게서 배운 최선의 것이라던 '현명한 회의의 태도'를 주문해본다. 그래, 혁명이 아니라면, 그리고 단지 자살이 아니라면, '현명한 회의의 태도'는 어떨까?

J. S. 밀(John Stuart Mill, 1806~1873)

철저한 조기영재교육의 부작용으로 인해 심각한 우울증에 시달리고 있던 밀은 1830년, 친구의 부인인 해리엇 테일러와 '논란이 있는' 21년간의 순수한 지적 교류를 시작한다. 그녀 남편의 사후에야 결혼한 두 사람의 평등한 동반자적 관계는 해리엇의 권리를 철저히 보장해놓은 결혼계약서와 페미니즘의 계보에서 획기적 저작으로 꼽히는 밀의 저작 『여성의 복속』에서 잘 드러난다.

해리엇 테일러(Harriet Taylor Mill, 1807~1858)

세 아이의 엄마인 해리엇을 만난 밀은 지적인 그녀에게 깊은 인상을 받았고 자신의 최근 저서들에 대하여 읽고 논평을 할 수 있는지 물었다. 이후 계속되는 밀과의 교유로 인해 남편과의 관계가 악화된 해리엇은 남편과 별거한 뒤, 밀이 주말마다 방문했던 집으로 거처를 옮겨 세간의 이목을 사기도 했다. 밀의 이름으로 출간된 『여성참정권』의 숨은 저자로서, 밀의 아내로서 여권신장에 큰 영향을 끼쳤다.

예쁘고 명석할 뿐 아니라
말까지 빠른 여자를 애인으로
두는 일에 관한 짧은 보고서

샤틀레 부인과 볼테르

"당신은 아름다우니 인류의 절반은 당신의 적이 될 것이오.

당신은 영민하니 사람들이 당신을 두려워할 것이오.

당신은 남을 잘 믿으니 사람들에게 배신을 당할 것이오."

Emilie du Chatelet

Voltaire

그의 재치만큼 글이 빨랐던 볼테르는 그의 긴 생애 동안 100권에 가까운 책과 2만여 통의 편지를 4월 말의 벚꽃잎처럼 흩뿌리며 18세기의 시대정신 그 자체가 되었다. 볼테르보다 심오한 사상가들이 동시대를 겪으며 계몽에 진력하고 있었지만, 시대의 에스프리는 그의 분노와 재기 속에 전형적인 빛을 발했다. 워낙 다정다감한 괴테이긴 하지만, 그는 볼테르를 일러 "만고에 다시없을 최고의 작가"라고 치켜세운다. 200여 년 후의 프랑스 지성계가 '최고의 철학자는 아니었던' 사르트르가 내뿜는 글과 말의 가공스러운 힘에 놀랐던 것처럼, 18세기는 볼테르의 가공할 문필력 앞에 넋을 놓고 경탄해 마지않았다.

그러나 에밀리 샤틀레로 말하자면, 글이 빠른 볼테르가 만났던 수많은 명인과 재사들 중 말이 가장 빨랐다고 한다. 단지 말이 빨랐을 뿐 아니라, 그가 종종 (마치 테일러 부인을 인정했던 밀과 유사한 태도로) 인정했듯이 그녀는 더 명석했다. 그리고 놀라운 집중력을 과시하며 극히 짧은 시간에 실팍한 성과물들을 내놓아 그를 놀라게 하곤 했다. 길지 않았던 생애의 말년에 그녀는 아침 는개처럼 다가오는 죽음의 그림자를 지척에서 느끼며 뉴턴의 과학을 번역, 해석하는 작업에 전력을 다했다. 그리고 그녀의 역작은 남성중심적 과학계의 편견과 질시를 뚫고 사후 10년 만에야 『뉴턴 자연철학의 수학적 원리』

(1759)라는 이름 아래 햇빛을 본다.

　문제는, 당신보다 예쁘고 명석할 뿐 아니라 말까지 빠른 여자를 애인으로 두는 일에 관한 것이다. 슈레버 판사의 유명한 증례를 통해 프로이트나 카네티(E. Canetti)가 적절하게 밝혔듯이, 말로써 세상을 지배하려는 편집증적 남성 권위주의자들(＝지식인들)에게 이것은 영원한 숙제가 아닐 수 없다. 그들에게 편리한 대상은 예쁘고 말이 빠르지만 명청하든지, 명석하고 말이 빠르지만 예쁘지 않든지, 명석하고 예쁘더라도 입을 다물고 있어야 할 것이기 때문이다. 말은 영원한 능동성의 징표인 것! 그러므로, ‘자유가 아니면 죽음을 달라’는 항의조차, 그 본질에서 곧 ‘말’에 다름 아니다. 천하의 볼테르도 샤틀레 부인을 일러 ‘고담준론을 일삼는 폭군’이라고 비꼬았으니 그 역시 명석하고 말이 빠른 애인을 둔 탓에 제 나름의 비용을 치른 모양이다.

　그나저나 변함이 없던 남성가부장 사회에서 ‘예쁘고 명석하고 말까지 빠른 여자들’은 언제, 어떻게 탄생하는 것일까? 역사적으로 보자면 이 논의에서 로코코 시대의 살롱(Salon)은 매우 중요한 논의의 결절점을 이룬다. 브로노프스키(J. Bronowski)의 진단처럼, 남성들이 17세기의 여러 아카데미에서 과학적 담론을 통해 계몽의 주체로 변신해왔다면, 공적 담론에서 배제된 여성들은 살롱이라는 문화 공간에서 자신들의 주체를 세우며 남성들의 그늘에서 벗어날 준비에 활발했던 것이다. 알다시피 근대적 지식은 개방과 공유를 특징으로 하며, 중세의 동업조합식 지식계보라든가 혹은 소림(小林)이니 무당이니 하는 문파별 무공의 비전(秘傳)이 주술적 밀의성(密意性)을 갖는 것과 뚜렷하게 변별된다. 병적으로 자신의 연구 결과를 숨기려 했던 전형적인 분열질자(分裂質者) 뉴턴을 일러 '마지막 주술사'라고 부르는 이유가 바로 여기에 있다. 다른 한편, 에코(U. Eco)가 시사하듯이 지적 보호권을 제도화하고 있는 후기 자본주의적 행태야말로 업그레이드된 중세화의 조짐이 아닐 수 없다. 그런데 지식의 사회적 개방과 공유라는 측면에서 로코코 살롱 문화는 주목할 만한 현상이다. 르네상스 시대의 이탈리아 궁정 살롱에 기원을 둔 17~18세기 프랑스 파리의 살롱은 새로운 문화 시대의 징후와 징조를 한껏 배태한 곳이었다. 코저(Lewis A. Coser)가 잘 분석해놓았지만, 18세기에 들어 귀족출신이 아닌 재능 있는 여성들이 이 살롱을 중심으로 문예적 재능을 발휘했고, 이 문화적 장치는 차츰 귀족과 평민 사이의 거리를 좁히는 문화적 평등자(cultural equalizer)의 역할을 수행할 수 있게 되었다. (예를 들어, 20세기의 한국사회에서 라면과 김치와 핸드폰이 계층적 평등자로 기능하는 그 역할과는 또 다른 의미에서, 말이다.) 따라서 비록 시대적인 한계와 조건 속에서 운신할 수밖에 없었지만, 18세기에 만개한 로코

코의 살롱들은 그 잠재적 개방성과 평등성에서 근대의 지식인 문화를 공론화·활성화시키는 데 이바지하게 된다.

물론 최소한 18세기 중후반까지 살롱을 휘감고 있던 귀족적 형식과 아우라를 벗어버릴 수 없었고, 지식은 귀족계급 간의 사교라는 매개로부터 독립할 수 없었다. 가령, 살롱 문화를 귀족적·인위적이라고 공격하면서 대신 일반 서민의 자연적 상식에 직접 호소하려했던 루소를 통해 그 반작용의 일부를 상상해볼 수 있다. 실상 19세기에 들면서 런던의 커피하우스가 대대적으로 성업하기까지 지식은 신분제에 바탕을 둔 인정투쟁의 맥락을 끌밋하게 벗어나지 못한 채 비교적 폐쇄적으로 유통되었던 것이다. 그럼에도 불구하고, 살롱은 지식의 공론화와 신분의 평등화를 통해 부르주아 지식인 문화를 기초 짓는 데에 적지 않게 기여했다. 팅커(Chauncey Tinker)의 표준적 평가처럼, 살롱 문화와 더불어 "귀족의 혈통보다도 기지, 지성, 인물됨이 사회적 성공의 열쇠가 되기 시작"했던 것이다.

샤틀레 부인과 볼테르가 활동하던 18세기, 프랑스의 살롱들은 재기가 번득이는 소수의 여성들이 역사상(!) 처음으로 (과학이나 정치적 영역을 제외하고나마) 담론의 주도권을 잡을 수 있었던 곳이었다. 나아가서, 귀족출신이 아닌 여성들마저 자신의 지적·문필적 재능에 의지해서 각자의 개성을 표출할 수 있는 기회의 공간이었다. 요컨대, '당신보다 예쁘고 명석하고 말까지 빠른 여자를 애인으로 두는 일'에 관한 볼테르의 문제는 이런 식으로 생성될 수 있었던 것이다. 여담으로 덧붙이면, 앞서 말한 '이런 식'은 아니었지만, 한반도의 중세에 활약했던 기생의 일부도 '당신보다 예쁘고 명석하고 말까지 빠른 여자를 애인으로 두는 일'에 관한 볼테르의 문제를 생성시켰던 출처랄 수 있겠다. 가령, (5만 원권 신권 화폐에 그 초상을 넣었다는) 신사임당이 아니라 황진이와 같은 걸출하고 도발적인 여성들이 대거 등장하는 문화적 지평 속의 혁명성을 짐작하기란 어렵지 않다.

에밀리 샤틀레는 '당신보다 예쁘고 명석하고 말까지 빠른 여자'들 중에서도 단연 독보적인 존재였다. 그 독보성을 증명하는 호사가적 일화들은 적지 않고, 그것들은 여전한 남성 지식인 사회 속에서 잉여와 미래의 빛을 발한다. 그러나 연인/동무라는 관심에서 특히 돋보이는 것은 진리와 계몽을 향한 둘 사이의 공동 작업이다. 남녀의 관계와 그 역할이 공사(公私)로 나뉘거나, 혹은 사감(私感)이 공의(公義)를 허무는 것이 예사인 현실 속에서 이들이 체현한 연정과 동무의 생산성은 사뭇 무서울 정도다. 그들은 자신들의 보금자리였던 시레이(Cirey) 성의 연구소에 2만 1천여 권에 이르는 책들을 사들였는데, 이것은 당시 일개 대학에서 구비한 도서관 장서와 맞먹는 규모였다. 도박빚을 갚기 위해 책을 쓴 도스토예프스키와 달리 그녀는 도박의 재능을 발휘해서 책을 사 모으기도 했던 것!

오직 200년 후의 보부아르–사르트르 커플만이 견줄 수 있을 재기와 도도함과 실천성과 생산력으로 무장한 이 세기의 연인들은 서가를 종횡으로 누비며 형이상학과 철학, 신학과 도덕, 물리학과 역사학, 성서비판과 관용의 이론, 그리고 수없이 많은 편지와 문학 작품을 써내려갔던 것이다. 이 지적 토대 위에서, 그리고 연인/동무 관계의 현명한(!) 열정 속에서 그들은 당대 최고의 문학적·과학적 성취를 이루어낼 수 있었던 것이다.

에밀리 샤틀레(Emilie du Chatelet, 1706~1749)

부유한 귀족가문에서 출생, 개인 교습을 받아 12세에 6개 국어를 구사했으며 남다른 수학지식을 바탕으로 큰 도박을 하기도 하였다. 세 아이를 낳은 뒤, 남편과 합의 하에 별거하였고 볼테르와 15년간 맺은 지적·애정적 동반자 관계에서 물리학 분야의 걸출한 저작을 남겼다. 뉴턴의 라틴어 원본 『프린키피아』에 자신만의 주석을 덧붙인 유일한 프랑스어 완역본의 저자이다.

볼테르(Voltaire, 본명은 Francois Marie Arouet, 1694~1778)

기독교와 결탁한 부패귀족을 신랄히 비판한 『철학서한』을 발표한 32세의 볼테르는 바스티유 감옥에 투옥될 위기에 처하게 된다. 이 때, '유일한 불찰이라면 여자로 태어난 것 밖에 없는 대단한 사람'이라고 볼테르 자신이 표현한 그의 연인 샤틀레 부인의 영지로 함께 피신하였고 이후 그녀의 도움과 영향 하에 문학, 철학, 역사의 다방면에 걸친 저서들을 출판하였다.

연애, 인정, 생산

크레이스너와 폴록

연인 간의 사랑이 창조적 생산성의 채널 속으로

피드백되기 위한 조건은 무엇보다도 '인정'

Lee Krasner

Paul Jackson Pollock

생산적인 연애는 극히 드물다. 가령 보부아르와 사르트르, 테일러 부인과 밀, 그리고 샤틀레 부인과 볼테르의 관계는 장삼이사의 것이 아니다. 목욕물과 함께 아이까지 버리는 치명적인 낭비, 그것이 연애의 본질이다. 바타이유나 베블런(Thorstein Veblen) 등이 종교의 본질을 낭비와 사치로 규정한 바 있지만, 종교와 더불어 인류의 양대 환상인 사랑이야말로 낭비를 위한 낭비의 방식에 다름아니다. (그리고, 여담이지만, 이 두 가지의 환상은 여러 가지 '축제'에서 겹치고 얽힌다.)

어쩌면, 그만큼 연애는 워낙 비(非)자본주의적인 것이었다고도 말할 수 있으련만, 〔미셸 페쇠(Michel Pécheux)처럼 말하자면〕 20세기의 연애는 그저 반(反)자본주의적으로 노골화한 자본주의일 뿐이다. 『네이븐』의 베이트슨이 '보완적 차별생성(complementary schizmogenesis)'이라는 개념으로써 이같은 현상을 인류학적으로 해명한 바 있지만, 자본주의와 연애도 서로를 차별화하는 시늉 속에서 결국 한 켤레의 메커니즘을 이루며 돌아간다.

'사랑, 지나고 나면 아무것도 아닐 마음의 사치'(가수 김윤아)라는 노랫말 그대로, 시정의 필부필부가 아는 것처럼 그것은 생산이라기보다는 사치며 낭비며 별 차이 없는 반복이다. 연애의 진실은 무엇보다도 그같은 '비용' 속에서 자신의 가치를 지르되게 증명하곤 한다. 바르트도 '말의 사치'라는 프리즘 속에서 사랑의 이모저모를 탐색하며 까부른다. 혹은 보부아르식으로 고쳐 풀자면, 사랑은 나르시스나 종교와 함께 사치와 낭비의 본령을 이룬다. 그런가 하면, 도착증에 대한 프로이트의 설명을 조금 남용해도 좋다. 그에 의하면 연애는 온통 도착증(倒錯症)이라는 낭비투성이다. 생산에 투입되지 않는 에너지는 원칙상 도착적이기 때문이다. 예를 들어 기다리기와 만지기, 애태우기와 속끓이기, 시간의 지체와 변죽 울리기 등등, 연애에 특징적인 이 모든 행태는 그 자체로 도착적이며, 따라서 사랑의 낭비와 그 비생산성을 극적으로 증명한다.

1941년의 어느 날, 크레이스너는 팸플릿에 적힌 폴록이라는 낯선 이름의 화가에 이끌려 무작정 그의 스튜디오를 찾아간다. 그러고는 그의 작품에 배어든 창조적 기력에 깊은 감명을 받고 그의 은폐된 천재성을 단번에 인정한다. 이들의 만남, 그리고 이어지는 연애와 혼인(1945)의 관계는 둘 모두의 예술적 창의력과 생산성에 중요한 계기가 되었다. 술에 찌든 폴록의 천재성이 현실적·제도적 길을 얻게 된 것, 그리고 마침내 당대 최고의 화가라는 위명에 이르게 된 것은 크레이스너와의 연애와 혼인으로 가능해진 어떤 삶의 양식을 빼놓고선 생각할 수 없다. 더불어 크레이스너 역시 폴록의 작품 세계를 접하면서 자신의 화풍을 근본적으로 재성찰하게 되는데, 폴록의 영향을 수용하면서 스승 호프만(Hans Hofmann)을 통해서 배운 큐비즘(cubism)을 점차 지양하게 된다.

둘의 만남은 이른바 '사건'이었다. 그것은 바울이 예수를 만난 사건, 융이 프로이트를 만난 사건, 아렌트가 하이데거를 만난 사건, 추사가 초정을, 초정이 연암을 만난 사건, 그리고 조영래가 전태일을 만난 사건과 같은 수없이 많은 외상적 충격의 사건들 가운데 하나였다. 그리고 그 사건 속에는 한 사람의 사유와 태도를 뒤흔드는 바람 같은 진실의 흔적이 지극한 환대를 받기를 기다리고 있는 것이다. 마찬가지로, 크레이스너와 폴록이 만난 사건 속에서 잉태된 진실은 예술적 창의와 생산으로 승화될 준비를 단단히 하고 있었다. 리쾨르는 예수의 비유(parables)를 설교하는 중에 공통적인 세 계기—만남(rencontre), 전회(renversement), 그리고 결심(décision)—를 말한 적이 있는데, 둘의 만남도 이같은 계기를 거치며 연인/동무의 생산성을 폭발시킨다.

그러나 정작 이 글에서 다루지 못할 중요한 문제는 그 당사자들이 '그 사건에의 충실성'(A. 바디우)으로써 시간과 물질을 거슬러 그 진실을 각인의 삶의 양식 속에서 구체화할 수 있었는가 하는 점이다. (여기에서 폴록의 '술버릇'이 개입한다.) 생활의 양식과 상호작용의 연대 속에 잡아두지 못한 그 진실은 흔히 바람처럼 흩어지고 말거나, 기껏해야 기존 지식의 체계 속에 거세된 채 안정화되고 말기 때문이다.

그리고, 그 '사건'이 사랑에 결부되었을 때, 흔히 그 사건 속의 진실은 사랑이라는 혼동과 낭비 속에서 그 생산적 충실성을 잃고 마는 법이다. 그러나 크레이스너와 폴록의 경우는 조금 달랐다. 자신의 작품에조차도 신랄하게 비판적이었던 크레이스너는 폴록과의 조우를 통해 스스로의 작풍을 새롭게 변형시킬 수 있었고, 그 비판적 신랄함은 술독에서 빠져나온 폴록이 자신의 작품 세계를 창의적으로 조형하는 데에도 매우 중요한 잣대로 기능했다.

연인 간의 사랑이 창조적 생산성의 채널 속으로 피드백되기 위한 조건은 무엇보다도 '인정'이다. 사랑은 매우 중요한 뜻에서 일종의 '술독'과 같은 것인데, 술독 속의 일차원적 습합 관계 속에서 불가능한 것은 곧 적실하며 유지가능한 생산성으로서의 '인정'이기 때문이다. 비록 사랑의 관계 속이라고 해도(아니, 그렇기에 더욱더), 인정은 그저 마시는 공짜술이 아니다. 실제 인정의 과정은 매우 광범위한 문명사적 함의를 지닌 '투쟁'(헤겔)이기도 하다. 현명한 연인들이 운마저 좋다면, 보부아르-사르트르나 샤틀레-볼테르의 경우처럼 사랑의 관계와 인정의 관계는 호혜적으로 겹치며, 놀라운 생산성을 발휘하기도 한다. 그러나 그것이 호혜와 창의성을 향한 과정은 종종 사랑의 관계 그 자체를 허물어버릴 만큼의 큰 비용을 요구한다. 사랑의 행태는 이미 그 자체가 낭비와 사치일 뿐 아니라, 사랑의 자장에 휩쓸려든 다른 열정들마저 걷잡을 수 없이 소모하기 때문이다.

나는 근기(根氣)는 물론이거니와 재기(才氣)마저 갉아먹는 사랑의 열정을 수없이 목격했다. 인정투쟁을 악용하면서 허영과 탐욕의 늪 속에 허우적거리는 사랑은 또 얼마나 흔한가? 그러나 생산적 상호인정은 연인 간의 사랑이 창조적 열정과 호혜적인 관계를 맺기 위한 토대와 같은 것이다. 그것은 욕망만도, 애착만도, 제도만도 아닌 사랑의 관계를 이루기 위한 초석이며, 연인이 동무와 겹치면서 이드거니 함께 걷도록 돕는 길이기도 하다. 하버마스-호네트(A. Honneth)식으로 말하자면, 인정망각(Anerkennungsvergessenheit)은 연인을 물화(物化)시키는 짓이며, 사랑이라는 그 무시무시한 맹목의 동력을 상호인정의 호혜적 의사소통의 관계로 승화시키는 길만이 연정의 생산성을 보장하는 방법이다.

크레이스너와 폴록의 애정이 둘 사이의 예술적 창의성이나 생산성과 호혜적으로 결합할 수 있었던 중요한 조건은 상호인정이라는 제3의 매개일 것이다. 마치 감성과 오성을 매개하는 상상력처럼, 인정은 사랑과 생산성을 매개한다. 그리고 인정과 실천적 공감(Anteilnahme)이 없는 애정이 짧은 애착으로 빠지거나 이해관계로 변질되고 마는 것을 우리는 쓸쓸하게 목도한다. '열정을 이해관계적으로 분배하고 조율하라'(A. 허쉬만)는 친자본주의적 권면이 쓸모 있는 구석도 있겠다. 그러나, 동무의 길은 인정과 배려를 통해 사랑의 열정을 생산적으로 승화시키는 데에서 트인다. (아, 아직 폴록의 술버릇을 언급하지 못했다!)

크레이스너(Lee Krasner, 1908~1984)

스승 호프만으로부터 "작품이 아주 훌륭해서 여자가 그렸다는 걸 모르겠군"이라고 평가받았던 재능 있는 여류화가 크레이스너는 폴록의 천재성을 직감적으로 알아본다. 아내로서 그의 안정적인 작업과 성공을 위한 제반 환경마련을 위해 다양한 노력을 기울인 동시에 "나는 폴록 이전에도, 와중에도, 이후에도 그림을 그렸다"는 그녀의 표현처럼 화가로서의 정체성을 잊지 않았다.

폴록(Paul Jackson Pollock, 1912~1956)

극심한 가난과 알코올 중독 상태에 놓여 있던 30세의 폴록은 네 살 연상의 화가 크레이스너를 만나 심리적·현실적 안정감을 찾게 된다. 그녀의 소개로 만난 페기 구겐하임의 주선으로 첫 개인전을 열어 뉴욕 미술시장의 스타로 떠오른 뒤 미국 추상표현주의의 주도자, 액션 페인팅의 창시자로 명성을 얻었으나 파괴적 음주벽과 혼외정사로 아내와 별거하던 중 음주운전으로 사망했다.

두 명의 아이작, 혹은 뉴턴의 고독

배로와 뉴턴

우주의 비밀을 밝힌 뉴턴의 비밀은 자폐적 고독
그를 세상 속에 소개한 사람은 같은 이름을 지닌 한 스승이었다.

Isaac Barrow

Isaac Newton

16 63년, 영국 케임브리지 대학의 루카스좌(座) 교수직을 맡고 있던 이는 아이작 배로였고, 나이는 서른셋이었다. (널리 알려져 있듯이, 20세기에는 폴 디랙이나 스티븐 호킹 등이 이 명예로운 자리를 거치게 된다.) 당시 21세의 학부학생이었던 또 한 사람의 아이작은 처음으로 배로와 접촉하며 그의 영향권에 든다. 이 나이 적은 아이작이 당대 최고의 수학자로 거듭 태어나는 데에는 나이 많은 아이작의 책려가 한몫을 한다. 그로부터 불과 5년 후에 출간한 광학에 관한 연구서의 서문에서 배로는 뉴턴의 도움을 솔직히 인정하면서 이 젊은 제자가 "매우 예외적인 재능과 특출한 수완을 지닌 인물(a man of quite exceptional ability and singular skill)"이라고 상찬했으니, 둘 사이의 관계는 그야말로 교학상장(教學相長)의 그것이었으리라.

1665년, 스물셋의 뉴턴은 평범하게 학부를 졸업했고, 그때까지만 해도 스승 배로로부터 개인적인 인정을 받은 것을 빼면 그는 아직 '학문적으로' 세상에 나오지 않고 있었다. 18세기의 계몽주의적 에스프리를 한 몸에 구현했던 볼테르가 그의 『철학서한』(1734)에서 "천 년에 한 번 나올 만한 천재"라고 격찬한 뉴턴이었지만, 사실, 그의 경우에는 세상에 나오는 일 자체가 큰 골칫거리였다. 유명한 핼리 혜성의 발견자인 핼리(E. Halley)도 뉴턴의 『프린키피아』(1687)를 출간하도록 설득하느라고 애를 먹었지만, 뉴턴은 자신의 학문적 업적을 포함해서 공사 간의 모든 일을 숨기려고 애쓰는 편이었다. 공개와 공유를 꺼리는 뉴턴의 성벽은 때로 큰 말썽거리를 일으키기도 했는데, 훗날 영국과 독일 간의 국가적 자존심 경쟁으로까지 비화한 라이프니츠와의 미적분학 논쟁도 뉴턴이 이미 1665년경에 혼자 생각해낸 유율(流率)의 방법을 거의 30여 년간 숨겼던 탓이 크다. 뉴턴이 발견한 것을 다시 발견해야 하는 번거로움과 우스꽝스러운 혼란은 과학사가들이 화제로 삼을 정도였던 것이다. 그래서 어떤 과학사가는 뉴턴의 그같은 고집 탓에 익히 알려진 '동시발견'이 아니라 '중복발견' —뉴턴이 발견해서 숨겨둔 것을 세상 사람들이 다시 발견하는 일—이라는 낯선 고충이 생겼다고 평하기도 했다.

"나의 모든 작업은 1665년과 1666년의 대유행병이 휩쓴 2년 동안에 성취된 것"이라는 만년의 회고담에서도 알 수 있듯이, 그는 20대 약관의 나이에 이미 불세출의 과학적 성취를 이루어 놓았다. (물론 그는 이 결과물들을 고양이똥처럼 꼭꼭 숨기고 있다가 마지못한 듯이 염소똥처럼 질금질금 내뱉곤 했다.) 당시의 대규모 역질(페스트)을 피해 고향 울즈돕에 기거하는 동안, 이미 과학사의 신화가 되어 버린 그 '사과'를 보았다는 것이 아닌가? 그리고 거의 '직관적으로' 만유인력, 광학이나 역학의 제 법칙, 그리고 미적분학을 발견했다고 알려져 있다. 대학 학부

시절만 하더라도, 동시대의 천재들이었던 파스칼(1623년 생)이나 데카르트(1596년 생)가 비슷한 연배에 과시했던 수학 실력에는 턱없이 모자랐고, 수학자가 아니었던 스피노자(1632년 생)보다도 『기하학원론』에 무지하였던 사실을 기억한다면 뉴턴의 성취와 그 '직관력'은 실로 놀라운 것이 아닐 수 없다.

근대의 과학적·기계적 세계관을 완성한 뉴턴이 바로 그 근대적 지식의 특성인 개방과 공유를 꺼렸다는 사실은 여러 가지 점에서 몹시 흥미롭다. 그런 뜻에서 일부의 호사가들은 뉴턴을 일러 '마지막 주술사'라고 부르기도 할 테다. 사실, 동시대의 급변하는 이행기적 분위기, 그의 병리적 기질과 직관주의적 태도, 그리고 그의 대중적 이미지와 달리 생애의 마지막까지 집요한 종교적 관심을 지니고 있었다는 사실 등은 지식을 사적·비의적으로 취급하려는 주술사적 태도를 연상시키는 면이 있다. 일부의 평자들에 의하면, 뉴턴은 먼저 '직관'한 뒤 나중에야 그 직관의 절차와 내용을 수학적으로 '해명'했다고 한다. 그의 이러한 재능 역시 일견 주술적인 뉘앙스를 풍기는 게 사실이며, 어쩌면 그 자신도 자신의 과학적 성취를 남에게 알리고 싶지 않은 주술적·종교적 비의(秘意)처럼 여겼는지도 모를 일이다.

생애의 말년에 이르러서야 그는 주변의 채근과 압력에 못이

긴 채 그 직관의 비밀을 가뭄에 콩나듯이 내비치곤 했는데, 그
것은 "문제에 서광이 비춰 전체가 환해질 때까지 전심전력으
로 집중한다"는 것뿐(!)이었다. 이것은 다산(茶山)이 『악서(樂
書)』를 해제하는 중에 체험했다는 "오랫동안 붙잡고 전심했더
니 문득 하루아침에 깨달음의 빛이 환해졌다"는 심자통(心自
通)의 이치를 떠올리기도 하는데, 아무튼 뉴턴의 천재는 직관
적인 것이었으며, 이것은 그의 기질과 더불어 종교신비주의적
관심과도 이어진다.

뉴턴의 직관주의와 종교주의는 그의 고독과 뗄 수 없는 관
계를 맺고 있다. 평생 독신이었던 그는 그의 주치의나 볼테르
의 증언(!)대로 여자관계의 소문조차 없었고, 어떤 식의 지속
적인 우정을 필요로 한 흔적도 찾을 수 없다. 그의 특기는 두
문불출이었다. 기시다 슈(飯田 眞)는 『천재의 정신병리: 과학
적 창조의 신비』(1972)라는 책에서 뉴턴을 분열병질(分裂病質)
의 천재로 분류하고, 고독에 강한 면모를 1순위의 특징으로
든다. 여기에 '겉으로 보아서는 속을 모른다'는 특징이 부가
되는데, 뉴턴의 사후에 출판된 방대한 저작 『고대왕국 연대기
수정판』이나 『다니엘의 예언과 성 요한의 묵시에 대한 고찰』
은 안팎으로 분열된 천재의 기이한 비밀주의를 극명하게 증거
한다.

우주의 비밀을 밝힌 뉴턴의 비밀은, 혹은 그 실존적 비용은

그 자폐적 고독이었다. 세상 속으로 나가지 못한 채 수학적 추상(抽象)과 종교적 신비 속에 그 세상의 등가물(等價物)을 구하는 노릇이었던 것이다.

세상과 담을 쌓으며 연인과 동무의 길에 무관심했던 뉴턴의 천재는, 같은 이름을 지닌 한 스승에 의해서 세상 속으로 소개받는다. 1669년, 39세의 아이작 배로는 27세의 아이작 뉴턴에게 교수직을 물려주고 성직에 몸을 담는다. 연인도 동무도 없이, 자폐적 고독 속에서 수(數)와 신(神)의 진실에만 애착했던 아이작의 천재를 세상 속으로 인도해준 것은 스승 아이작의 이해할 수 없는 조기 은퇴였다. 우리 모두가 이해할 수 있도록.

배로(Isaac Barrow, 1630~1677)

케임브리지 대학 졸업 이후 독자적으로 수학연구에 몰두한 배로는 수학교육을 권장치 않는 당대 대학교육을 비판하였다. 케임브리지 대학의 초대 루카스 수학 석좌교수직을 맡게 된 그는 자신의 수학, 광학 강의를 수강하던 뉴턴과 개인적으로 토론하기도 하였고 그 과정에서 지적으로 큰 도움을 받은 뉴턴에게 석좌교수직을 물려주었으며 이후로는 더 이상 수학연구를 하지 않았다.

뉴턴(Isaac Newton, 1642~1727)

배로의 수업을 수강하며 스승에게 천재성을 인정받은 뉴턴은 페스트로 인해 2년간의 휴교령이 내려지자 귀향하여 깊은 명상을 통해 광학, 미적분학, 만유인력에 대해 괄목할 아이디어를 얻었다. 1669년, 27세에 배로에 뒤를 이어 루카스 석좌교수직에 오른 이후 큰 명성을 누렸으나 평생 독신으로 고독 속에서 자연과학뿐 아니라 연금술과 신학분야에까지 몰두하였다.

스승, 혹은 제자

유영모와 김흥호

유영모

김흥호

출근할 때마다 현재(鉉齋) 김흥호 선생의 방을 지날라치면 "사각사각", 늘 먹 가는 소리와 함께 진한 먹물 내음이 코를 찔렀다. 그 사이, 그는 묵향(墨香) 가득한 작은 서재의 창밖으로 먼 눈길을 보내고 있곤 했다. 나는 그의 연구실에서 먹 가는 기계를 난생 처음으로 보았고, 그를 통해서 일식주야통(一食晝夜通)이라는 것을 배우게 되었으며, '도(道)는 실천'이라는 그 진부한 얘기가 한 사람의 생활양식을 통해서 진득하고 이드거니 구체화되는 모습을 엿볼 수 있었다.

유학을 마치고 막 귀국한 1990년대 초에 나는 현재 선생과 같은 학교에 재직했는데, 우연찮게 그의 연구실은 바로 옆방이었다. 근 3년간 옆집살이(!)를 하면서 매일같이 스치고 대하는 중에 이런저런 인연을 쌓을 수가 있었다. 산행을 같이 했고, 일식(一食)하던 어느 자리에 운 좋게 동석하기도 했으며, 일본어책을 읽다가 궁색한 곳이 생기면 냉큼 찾아가 도움을 청하기도 했다. 촉급하게 상경해서 이사할 곳을 얻지 못해 난감했을 때에는 이화여대 후문 쪽에 있던 그의 집에서 근 보름간을 기숙하기도 했는데, 그 정갈하고 소담한 정원이 몹시 인상적이었다.

어느 학기엔가 그가 강의하던 〈선(禪)과 철학〉이라는 수업 중에 들어가 몇 차례 서양철학을 강의하면서부터 그는 인간적 호의와는 사뭇 다른 특별한 관심을 내게 표시하기 시작했다. 내 강의의 인상을 얻었다면서 '유심현묘(幽深玄妙)'라는 붓글씨를 써서 액자에 담아 선물로 보내온 것도 그 무렵이었다. 이후로 그는 내게 편지를 보낼라치면 꼭 나를 '천재'라고 칭하곤 했고, 위당 정인보나 다석 같은 분을 스승으로 두었으면서도 학생들이 있는 자리에서는 "이 학교에서는 내가 김 교수를 스승으로 여긴다!"고 정색을 하곤 했다. 불과 손자뻘의 나이였던 나는, 아마도 '내가 몹시 귀엽게(!) 보이는가 보다'라고 여겼을 뿐, 그 드문 시절 인연의 자리에서 내 공붓길의 새로운 진경(進境)을 탐문할 지혜도 깜냥도 근기도 요량도 없었다. 근현대 한국지식계의 근원적 불행처럼, 내게도 스승이 없었으며 스승을 찾을 만큼 현명하지도 못했던 것이다. "당신(학생)이 나(스승)처럼 나이가 들면 알게 될 것입니다"라고 말할 수 있는 가다머(H.G. Gadamer)식의 해석학적, 혹은 실천적 권위가 사라진 세상, 그것이 표절과 짜깁기와 얇은 번역의 천국, 한국지식계의 비밀이다. "철학의 전수(傳授)는 스승-제자라는 제한되고 형상화될 수 없는 형상을 통해 이루어진다"는 바디우식의 철학관이 오히려 타매되는 냉소와 권력욕망의 지옥, 그것이 한국철학계의 비밀이다.

이제 와서 정확히 집어내긴 어려운데, 내가 그의 스승인 다석(多夕) 유영모에 관심을 갖게 된 것도 필시 그같은 인연 덕

분이었을 것이다. 함석헌을 비롯해서 다석 선생을 따른 제자들이 여럿 있지만, 특히 그는 스승의 자취를 진득하고 충량하게, 조용하고 지며리 따른 것으로 유명하다. 일식(一食)도 결국 다석 선생을 모방한 버릇이었지만, 그가 여든이 넘도록 일반 청중을 상대로 동서양의 경전과 사상을 넘나드는 강의-증여에 열심이었던 것도 역시 스승 다석을 모방한 것이 아닐 수 없다. 나는 다석 선생을 뵐 기회조차 없었지만, 만 3년간 현재 선생의 일상을 그 편린이나마 지켜보는 가운데 글로 읽은 그 스승의 기운이 현신(現身)하는 듯한 착각에 사로잡히곤 했다.

빌려온 생각들로 미봉한 것일 뿐인 논문 몇 편만으로 냉소와 객기가 하늘을 찌르는 이 토끼들의 마을—호랑이들은 모두 파리나 런던, 베를린이나 뉴욕에 있다는 신화!—속을 살아가면서 가장 놀랐고 또 부러웠던 것은 그분들의 인간관계 속에서 얼핏얼핏 비치는 그 도저한 권위와 그 신뢰였다. 그가 스승을 회고하는 글이나 말 속에는 스승의 권위에 대한 전적인 신뢰가 태고의 것처럼 어둑하지만 깊다. 가령, 이런 식이다.

"선생님이 너무 여러 번 한글에 신비가 있다고 하셔서 요새는 나도 무엇인지 한글에 신비가 있지 않나 하고 생각하는 때가 있다."(「유영모 선생과 더불어 30년」, 김흥호).

지라르가 말한 '좋은 모방'의 가까운 사례를 나는 이들 사제관계를 통해 엿볼 수 있었던 것이다.

스승의 길을 무턱대로 모방할 수 있는 쾌락은 아무에게나 찾아오는 행운이 아니다. 우리 같은 표절과 짜깁기의 지옥, 애착과 냉소의 천국에서는 언감생심 흉내조차 낼 수 없는 교학(教學)의 경지일 것이다. 청산주의와 따라잡기로 일관한 한국의 정신문화적 근대가 겪었던 가장 큰 불행은 무엇보다도 마음 놓고 본받을 수 있는 '생산적 권위'들이 없었다는 사실이다. 실질적이며 창의적 긴장의 원천으로서 후학들의 삶과 앎의 행로를 부단히 채근하거나 계고(戒告)할 수 있는 권위 있는 참조인간들(Bezugspersonen)이 없었거나 섣불리 청산되었던 것이다.

수입된 종이호랑이들이 판치는 세상! 그같은 세상 속에서는 진검승부가 원천적으로 불가능하다. 먼 나라 맹수들의 소문만을 먹고 사는 토끼들의 마을에서는, 160센티미터의 단구였던 다석 선생 앞에서 함석헌, 김교신, 김흥호 등이 숨을 죽이며 죽도록 경청했던 것과 같은 진검승부의 공부와 사귐이 가능하지 않은 것이다. 죽도(竹刀)를 든 토끼들의 표절과 짜깁기 싸움판이 영원히 닿을 수 없는 것은 스승의 권위만으로 가능해지는 진정한 모방의 힘이다. 과연, 한국의 근현대 학문사는 스승들의 주검과 무덤 위에 초고속으로 뻗어올라간 눈치보기와 베끼기의 고층 아파트.

진정한 모방의 힘은, 충실하고 충실해서 마침내 그 모방을 뚫어내는 길(왜 일본은 모방의 천국이되 표절이 적은가?) 속에 있다. 그러나 착실하게 모방의 길을 걸어보지 못한 자라면 냉소마저 허영일 뿐이다. 가령, 프로이트에 충실한 라캉의 생산성이 그러하고, 라캉에 충실한 지젝의 생산성이 그렇지 않던가? 지적 식민성이란 이 모방의 시대, 혹은 근대라는 번역과 인용의 시대를 충실하게 뚫어내지 못한 사정을 가리키는 것이니, 부박과 냉소가 판칠 일은 당연지사.

언젠가 나는 늦은 오후의 사양(斜陽)을 변명 삼아 그의 연구실에 찾아들었다. 묵향 가득한 곳에서 오후의 나른함을 벗 삼아 그와 담소하다가 문득 선문답 같은 어투에 다소간의 호기심을 얹어 물었다.

"선생님, 다석 선생님은 어떤 분이었습니까?"

"진인(眞人), 진인이었지요!"

대답도 역시 선문답처럼, 그것, 뿐이었다.

다석 유영모(多夕 柳永模, 1890~1981)
1905년, 초대 YMCA 총무 김정식의 인도로 기독교에 입교하였으며 1910년부터 근무한 오산학교는 그로 인해 기독사학이 되었다. 『도덕경』과 톨스토이의 영향 등으로 무교회주의적 입장을 취하게 되었으며 52세에는 아내와 해혼(부부 성관계를 그만둠)을 선언한 뒤, 하루에 한 끼만 먹고 널빤지에서 잠을 자는 고행 속에서 '한국 기독교의 지도자의 스승'으로 자리했다.

현재 김흥호(鉉齋 金興浩, 1919~)
정인보와 이광수의 소개로 유영모의 성경강의를 들은 뒤, 그를 평생의 스승으로 모셨다고 한다. 새벽에 냉수마찰을 하는 스승 다석을 본받아 피난지 부산과 제주도의 겨울바다에 아침마다 뛰어들었으며 45년이 넘도록 1일 1식을 실천하는 등 스승의 도를 자신의 것으로 체화했다. '기독교 도인'이라 불리며 이화여대 등에서 현재까지 동양의 고전과 성경을 강의하고 있다.

사(死)의 찬미

윤심덕과 김우진

결코 똑같이 사랑하거나 절망할 수 없다는 사실에도 불구하고
적지 않은 연인들이 '동시에' 세상을 뜬다!

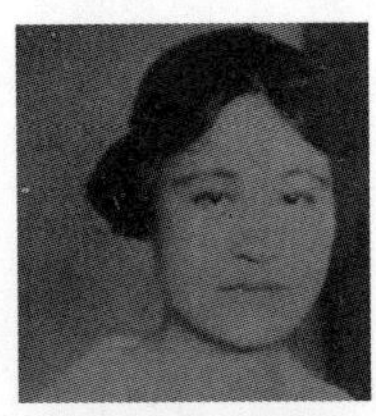

윤심덕

김우진

플로베르였던가, "두 연인은 동시에 똑같이 서로를 사랑할 수 없다"고 했던 사람이? 그러나 한 순간이나마 제정신인 연인이라면 그 사실의 절절함에 절망하지 않을 자 그 누구던가? "더불어 사랑하는 것만큼 사랑받지 못한다"(R. 바르트)는 연애의 진실은 연인들의 마음을 떠나지 않는 만고의 고민처럼 보인다. 그러나 플로베르처럼 돌이켜 생각하면 바로 그 고민의 형식이야말로 연애의 유일한 가능성이다. 그것은 '반사회성의 사회성'(칸트)이나 '주인─노예의 변증법'(헤겔)을 역사의 형식으로 몰아붙이는 것과도 닮았다. 내가 특별히 연애를 '물매'의 효과로 보는 이유가 바로 여기에 있다.

●　135　●

　물론 체제나 그 속의 시속과 더불어 한 뭉치로 굴러가는 대중은 혼인 제도로써 그 중층적 모순의 속살을 가린다. 그리고 관습 속에 순치되며, 종교나 이데올로기로써 그 제도를 정당화한다. 제주도 유채꽃의 신화는 그렇게 쉼없이 재생산된다. 이것은 아무런 냉소가 아니다. 만일 제도와 관습이 연애의 자기모순적 진실을 숨기지 못할 경우 혼인은 사랑의 환상에 되먹힌다. 마찬가지로 '제도라는 매듭'(A. 바디우)을 임의로 풀어버린 채 갑순이와 갑돌이가 도덕을 넘어(혹은, '눈치없이') 정직하게 상대를 대면할 경우, 연애의 종말은 총알보다 빠르게 다가온다. 우주 만상의 이치가 그러하듯이, 사랑 속의 평형(equilibrium)은 곧 현상유지(status quo)에 다름 아니며 현상의 평화는 곧 권태로 이어진다. (그런데, 사랑은 그 무엇보다도 '권태가 아닌 것'!) 니체식으로 표현하자면, 그것은 '나태한 평화'인 셈인데, 말할 것도 없이 평화가 모든 부분에서 바람직한 것은 아니다.

이렇게 놓고 보면, 정사(情死)는 묘한 위상을 갖는다. 영원한 합일과 평화를 향한 상상적 도약이면서도, 한편 그것은 권태로운 체제의 평화로부터 사랑의 열정을 일시에, 도착적으로 구원한다. 그러므로 기존의 체제를 신랄하고 치명적으로 공격하는 것은 오히려 연인들의 열정적 일탈이다. 물론 체제는 관습과 이데올로기, 도덕과 종교를 들먹이면서 신경증적으로, 혹은 폭력적으로 응전한다.

윤심덕이 애인 김우진과 정사하기 15개월 전인 1925년 3월호 『신여성』지에는 그녀의 애정 행각을 비난하는 「윤심덕 사건에 대하여」(박신애)라는 글이 실린다.

"윤씨의 이번 행동은 타락한 행동이다. 예술가이면 예술가, 사업가이면 사업가, 가정부인이면 가정부인, 교육가이면 교육가, 직업부인이면 직업부인으로 똑똑히 사람이 좀 되어 갑시다. 윤씨야! 기왕 국외로 갔다는 소문이 있으니 거기서 태평연월이나 노래하면서 건강히 일생을 지내라. 누구나 그대 보기를 원치 않을 테니."

　여기에서도, '예술가답게, 그리고 가정부인답게'라는 체제
수호의 동일성 윤리는 연애라는 물매와 그 변신(變身) 욕망과
절망적으로 대치한다. (연애의 행태 그 자체가 근대적 상호작용과
그 제도의 산물이라는 지적은 옳지만) 다른 한편, 연애는 체계나
제도 따위는 안중에도 없는 가장 치명적인 나르시스인 것이
다. 그러므로 윤심덕이 1926년 8월 5일 새벽, 그녀의 애인을
부둥켜안고 현해탄에 몸을 던진 일은 결국 가장 비정치적 행
위였던 것인데, 그러나 세속의 체계 속에서는 차마 얻기 어려
운 그 비정치성 탓에 그것은 가장 깊은 의미의 정치일 수밖에
없었다. 그것은 권태로운 체제의 평화와 그 평화의 폭력으로
부터 사랑의 열정을 치명적으로 구원한다.

　김진송의 『서울에 딴스홀을 許하라』(1999)에서도 1920~30년
대 조선 여성의 사회적 지위와 역할의 변동에 따른 '주체의 격
심한 변동'을 말한다. 역시 그의 표현처럼, 이로 인한 신구 여
성들 사이의 갈등은 세대 갈등에 앞질러 적대적 관계로 치닫는
다. 통속적인 해석처럼 윤심덕의 비극은 봉건적 사회 구조를
뚫고 막 태동하던 신여성들의 좌절된 사회적 정체성을 극명하
게 보이는 '자살적 몸짓'이다.

　최초의 여류성악가, 당대 최다의 음반판매량을 보유한 최초
의 대중 가수, 방송국 사회자, 그리고 패션모델이었던 윤심덕

은 매력적인 외모에 맵시 있는 스타일의 선구적인 신여성이었다. 특히 내게 흥미로웠던 부분은 쾌활하다 못해 당돌하고 일견 무례해 보였다는 그녀의 성격이다. '그녀의 성격'이라고 했지만, 개인의 것이라고 여기는 시각은 단견이다. 오히려 그것은 힘겹게 미래를 선구하려는 사회적 약자의 징후적 태도로서 반드시 주의 깊게 관찰할 필요가 있다. 약자가 꼭 무례한 것도 아니고 무례한 자가 반드시 약자도 아니다. 그러나 총명한 약자의 무례함 속에는 종종 중요한 사회적 징후가 담긴다는 점에서 보다 느긋하고 지속적인 관찰이 필요한 부분이다. 그러나 그같은 여자들과 관계를 맺는 남자들 기득권자들이 늘 그처럼 느긋하고 관용적인데다 생산적일 수 있는 게 아니다. 가령, '자신보다 예쁘고 명석하고 말까지 빠른 여자(샤틀레 부인)를 애인으로 두는 일'에 볼테르는 비교적 성공적이었을 뿐 아니라 극히 생산적이기도 했지만, 김우진은 '자신보다 예쁘고 명석하고 당돌했던 여자(윤심덕)'와 더불어 현해탄에 몸을 던져 서른 살 젊은 삶을 마감할 수밖에 없었던 것.

그러나 1926년 8월 5일의 새벽에 관부연락선의 선미를 박차고 현해탄의 심연 속으로 몸을 던지게 한 그 절망은 과연 누구의 것이었을까? 물론 그것이 ('구' 남성 이문열 씨의 '시대와의 불화'와는 완전히 다른 뜻에서) '신' 여성 윤심덕이 겪어야 했던 '시대와의 불화'와 그로 인한 절망의 몫이라는 데에는 아마도 이견이 크지 않을 테다. 하지만 그 불화와 절망이 온전히 그의 유부남 애인이었던 김우진의 것이기도 했을까? 연정의 일심동체라는 그 완벽한 거짓말을 잠시 믿는다고 하더라도, 이 두 연인들을 대마도 앞바다에 투신하게 만든 어느 먼 신새벽의 절망은 대체 어느 정도의 공감과 합의에 의해 조형되었을까? 두 사람을 치명적 결정으로 내몰아간 그 절망의 내용은, 그리고 그 형식은 서로 간에 평등한 것이었을까? 가령, 윤심덕이 '김우진보다 예쁘고 명석하고 당돌했던 여자'라고 한다면, 바로 그 편차만큼 그 죽음에 이른 절망의 내용 역시 둘 사이에서 워낙 어긋나 있었던 것은 아닐까? 아내와 자식을 가진 유부남과의 정사라면 그 결행 속에 개입하는 수없이 복합적인 감정의 난반사와 태도의 빗금〔偏倚〕을 넉넉히 짐작할 수 있지 않을까?

'두 연인은 동시에 똑같이 서로를 사랑할 수 없다'는 것이 연정의 역설적 진실이자 그 동력이라면, '두 연인은 결코 똑같은 마음으로 정사할 수 없다'는 명제는 어떤가? 결코 똑같이 사랑할 수 없지만, 바로 그 똑같이 사랑할 수 없다는 물매의 힘으로써 두 연인은 한 세상을 더불어 산다. (실은 혼인도 바로 그 물매의 힘을 문화제도적으로 잡아둘 수 있는 장치일 것이다.) 마찬가지로, 결코 똑같이 사랑하거나 절망할 수 없다는 사실에도 불구하고 적지 않은 연인들이 '동시에' 세상을 뜨는 것

이다. 그들이 살아서 성취하지 못한 것을 죽음으로써 이루려
는지 모르지만, 실은 연정의 '내용'이 이루지 못한 그 호혜와
합일을 정사라는 죽음의 '형식'으로써 단숨에 얻으려는 듯!
살아서 하지 못하는 동시성으로서의 정사(情事)! 그것은 이 세
상에 대한 완벽한 정치다.

윤심덕(尹心悳, 1897~1926)

'6척(180센티미터) 장신'에 사내 같은 성격 탓에 '왈녀'라 불렸다는 윤심덕은 1915년 총독부 관비유학생으로 도쿄 음악학교에서 유학하며 유부남 김우진을 만나게 된다. 귀국 후, 조선 최고의 성악가이자 화려한 스캔들의 주인공으로 유명세를 탔으며 대표곡 「사의 찬미」를 포함한 27곡을 일본에서 녹음한 뒤, 연인 김우진과 함께 관부 연락선상에서 투신자살한 것으로 알려지고 있다.

김우진(金祐鎭, 1897~1926)

목포의 갑부로 무안 감리를 지낸 김성규의 장남으로 태어나 19세에 정점효와 결혼하여 1남 1녀를 두었으며 1924년에 와세다 대학 영문과를 졸업하였다. 영농사업체인 상성합명회사의 사장으로 재임하면서 시 50편, 희곡 5편, 소설 3편, 평론 20편을 남기는 활발한 창작활동을 하고 있던 시점에서 전해진 윤심덕과 그의 동반자살 소식은 세간의 숱한 추측을 불러일으켰다.

「님에게」

윤노빈과 김지하

“사람은 사람에게 한울이다.
노빈은 지하에게 한울님이다.”

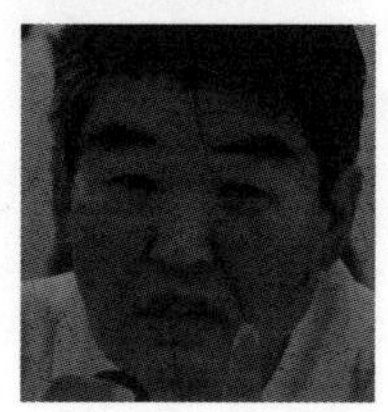

윤노빈

김지하

당신은 윤노빈 교수를 모를 수도 있을 겝니다. 그러나 한국현대사에 관심이 있거나 문학을 긁적거린 적이 있다면 김지하 선생을 모를 리는 없겠지요? 실은 두 분은 막역한 친구랍니다. 그중의 한 분은 북한의 내가 알지 못할 어느 곳에, 그리고 또 한 분은 경기도 일산에 계신다고 들었습니다. 윤 교수는 대학에서 나를 2년간 가르친 은사입니다. 김 선생과의 인연을 꼽자면, 오래전 부산에서 그의 강연을 들을 기회가 있었고, 최근에는 그와 한 자리에서 강연을 한 적도 있습니다. 그도 나를 아시는 듯, 그의 자전 『흰 그늘의 길』을 서명을 붙여 내게 보내준 적도 있지요. 아무튼, 김 선생의 기록에 따르면 그들은 원주중학교의 동기생이었고, 서울대 문리대를 함께 다녔으며, 무위당 장일순을 스승으로 모시고 따랐다고 합니다. 서울의 유학살이에서는 서로 격조하다가도 방중에는 원주에서 다시 만나 아침마다 헤겔을 공부했다고도 합니다.

"노빈은 방학 때는 아침에 나와 함께 공부하고, 낮에는 저희집 가게인 중앙시장의 피륙전에서 방석을 내다 깔고 앉아 장사를 하고, 밤에는 나와 함께 토론을 하며 술을 마시곤 했다."

알다시피, 1964년의 한일회담 반대시위에서부터 본격화된 김 선생의 반독재 민주화 투쟁은 갖은 곡절을 거치면서 신군부의 폭압정권이 들어선 1980년 12월에 형집행정지와 더불어 일단락됩니다. 스스로 통과한 폭압적 죽음의 체험을 바탕으로 생명운동의 물꼬를 트며 사상사적 기행을 시작하는 시점이었지요. 바로 이 무렵, 그간 성실한 학자로서 운신하면서 비교적 조용한 행보를 보여온 윤 교수가 돌연 월북합니다. 1982년 9월경이었고, 나는 당시 군생활 중이었습니다.

　　제대 후에 곧장 윤 교수를 찾았을 때의 그 음울하고 허적했던 학과 분위기를 나는 지금도 생생히 기억하고 있습니다. '그것(진실)'은 외면, 억압당한 채, 당시로서는 너무나 당연하게도, 윤 교수의 월북과 그 뒷소식을 두고 온갖 소문과 추측이 난무했습니다. 나는 그 모든 추정과 진단을 믿지 않으며 그 사건의 이면과 깊이에 대한 내 나름의 한 '생각'이 있습니다. 윤 교수의 속마음을 누구보다도 곡진히 헤아릴 김 선생도 세간의 소문을 일축하고는 나름의 탁견을 제시합니다. 김 선생이 보기에 그의 친구인 윤 교수는 반체제적 도피의 이미지보다 '훨씬 큰 사람'입니다. 김 선생이 스스로 반신반의하면서도 잠시 자문(自問)처럼 내비치는 직관은, "북쪽에 가서 그의 '브니엘(Peniel, '사람은 사람에게 한울이다')'을 실천하여 미구에 남쪽에서 올라올 민주화와 생명운동의 물결에 북한 측 나름으로 부합(符合)하려는 통일을 위한 대응 목적"이라는 것입니다. 근년의 그의 사상적 궤적을 일람한다면 어렵지 않게 납득할 수 있는 설명이겠습니다. 그러나 나는 윤 교수의 월북행에 대한 김 선생의 해석에 온전히 동의하지 못하겠습니다. 나로서는, 친구가 읽는 친구도 의미가 있지만, 제자가 읽는 스승도 그 나름의 뜻이 있겠다 싶고, 내가 읽는 윤 교수의 결행은 보다 근본적인 무엇이며, 그렇기에 더욱 상징적일 수밖에 없습니다.

김 선생이 소개하는 두 동무의 마지막 상면 장면은 징후적이다 못해 차마 묵시록적입니다. 다소 길지만, 꼭 새겨둘 대목이라 여겨 여기에 인용합니다.

"그(윤노빈 교수)는 중국을 통해 월북하기 직전 며칠 전 밤에 내게 왔었다. 무위당 선생을 보고 오는 길이라는 한 마디와 나에게 읽어보라고 건네준 그의 철학 노트 「님에게」 이외에 우리 둘 사이에 오고간 얘기는 단 한 마디도 없었다. 그때 마침 정전(停電)이 되어 약 두 시간 이상이 캄캄 칠흑이었다. 기이하다 못해 기괴하기까지 한 마지막 장면이었다. 그리고 불이 들어오자 그는 떠났다."

믿을 수 없는 이 풍경은 대체 무엇을 말하는 것일까요? 김 선생은 이 얘기를 믿으라고 하는 말일까요, 혹은 나 같은 제자나 후학들에게 풀어보라고 던지는 일종의 수수께끼일까요? 대학에서 그리스철학이나 현상학, 혹은 사회철학 등을 강의하던 윤노빈 교수가 남한 민주화 투쟁의 선봉장이자 국제적 상징인 그의 친구 김지하 선생을 찾아왔는데, 두 시간 이상을 한

방에 있으면서도 한 마디의 말조차 없었고, 현장을 지탱했던 유일한 매개는 정전 속의 어둠과 「님에게」라는 이름의 노트였다는 것이지요! 그리고 그는 곧 월북하였는데, 실은 이제 그 노트조차 분실되고 없다는 것이지요!

내가 오랫동안 단행본 분량으로 조형해온 개념인 '동무'를 꼭 집어 해명할 순 없지만, 친구와 동무가 갈라지는 지점의 한 갈래는 두 사람의 존재를 잇는 매개의 종류와 그 사용법입니다. 그래서 글친구도 있고 말벗도 있고 술친구도 있고 주먹친구도 있겠지요. 밥상공동체나 대화공동체가 있는가 하면, 이익단체나 동지도 있는 것입니다. 그렇다면, 두 시간 이상이나 말없이 마주 앉아 있었던 이 두 친구 사이의 매개인 그 어둠과 「님에게」는 과연 무엇이었을까요? 그 어둠과 「님에게」를 만든 당대적 현실의 고통과 질곡의 정체는 무엇이었을까요?

나는 학창시절에 윤 교수의 인정을 받아 여러 차례 사담을 나누며 그의 격려와 권면을 받은 적이 있습니다. 역시 어느 사석(私席)에서의 대화였는데, 당시 대학교 2학년이었던 내게 윤 교수는 '대학교수가 될 것'과 '스피노자처럼 살 것'을 이율배반적으로 주문하고, 심지어 예언(!)한 적이 있습니다. 그런 탓인지 나는 내내 대학교수와 스피노자의 사이를 비틀거립니다. 말하자면, '호명'을 받은 셈이지만, 이데올로기적으로 응답하기보다는 (미셸 콜로처럼 말하자면) 시적으로 방황을 한 셈이라고 할까요?

　내겐 극히 흥미로운 일화로 보이는데, 윤노빈 교수는 긴 옥살이에서 풀려난 김지하 선생에게 스피노자의 『윤리학』을 선물했다고 합니다. 물론 『윤리학』은 세속의 선악과 시비를 아득히 포월(包越)하는 브니엘(하느님의 얼굴)의 무상한 무한성이며, 그 무한성을 엿보는 개인 실존의 책임성이지요. 내게는 늘 서양철학자 그 이상으로 비쳐졌던 윤 교수는 그 브니엘을 '님'이라고 불렀습니다. 물론 그 브니엘은 더 이상 『구약성서』 속에 나오는 이스라엘의 이야기가 아니라 20세기의 고통이 결절하는 지점인 한반도의 이야기입니다. 그의 『신생철학』에서 너무나 절절히 외치고 있듯이, 그의 브니엘, 그의 한울님, 그의 님은 고통 속의 한반도이지요.

　그리고 그 님의 반쪽을 찾아 월북한 윤노빈 선생은 김지하 선생에게 한울님이었고요. 아니, 오해하진 마시기 바랍니다. 그가 어떤 '희망'을 찾아 북으로 도피했다는 게 전혀 아닙니다. 오히려 어떤 절망을 나름대로 뚫어내려고 했다는 게 적적(的的)하겠습니다. 그의 회고록 『흰 그늘의 길』에서 김지하 선생은 그렇게 고백하고 있습니다.
　"서울에서든 평양에서든 개성이나 금강산에서든 사람은 사람에게 한울이다. 노빈은 지하에게 한울님이다.”

윤 교수는 그의 『신생철학』에서 이렇게 말합니다.

“민족들의 눈이 가장 애타게 보고 싶어하는 것은 한울님의
얼굴(브니엘)이다.”

아, 남과 북에 흩어진 채 늙어가고 있는 윤노빈 교수와 김지
하 선생, 그 동무관계는 내게 한울님입니다.

윤노빈(尹老彬, 1941~)

강원도 원주에서 출생, 원주중학교를 김지하와 같이 다녔으며 서울대학교 철학
과 및 동 대학원 철학과를 졸업하였다. 1982년 부산대학교 철학과 부교수로 재
직 중 싱가포르를 거쳐 가족과 함께 월북한 뒤, 북한 만보산 대남방송 '구국의
소리'에 근무하며 『지성인의 각성』 등을 저술했고 북한 국가훈장 1급을 받았다
고 한다. 남한에서 남긴 저작으로는 『신생철학』이 있다.

김지하(金芝河, 1941~)

서울대학교 미학과에 입학 이후, 1960년대 및 70년대에는 반체제 저항시인으로
서 도피와 유랑, 투옥과 고문, 사형선고와 무기징역 등 형극의 길을 걸었으며
1980년대 중반 이후에는 생명사상가로 활동하고 있는 시인이자 사상가이다. 철
학자 윤노빈을 자신의 친구이자 스승이라 언급하며 윤노빈의 신생철학에 대한
남한 내에서의 공개적 · 합법적 · 적극적 연구필요성을 제기하였다.

지식인의 동무

졸라와 드레퓌스

"드레퓌스는 결백합니다. 맹세합니다.
제 삶과 명예를 거기에 걸겠습니다."

Emile Edouard Charles Antoine Zola

Alfred Dreyfus

군 복무 시절 중대장은 병사기록부도 들여다본 적이 없는지 내내 내 고향이 서울이라고 착각하고 있었다. 미국 유학 중의 나는 한인 커뮤니티와도 일정한 거리를 둔 채 생활한 탓으로 종종 일본인으로 혼동되곤 했다. 이곳 전주에서 만난 몇몇은 내 고향을 강원도라고 넘겨짚기도 했다. 심지어, 내가 사는 아파트 구내에서 만난 세 명의 여자아이들은 나를 미국인으로 알고 있었다.

기원(起源)! 내게 그것은 아무것도 아니다. 그리고 공부는 향수(nostalgia)나 풍경을 죽이고 기원을 향해 거슬러 올라가는 노력이긴 하다. 그러나 내게 있어 공부는 기원을 탐색하는 것이라기보다 오히려 단박 기원을 죽이고 이드거니 무늬(人紋)을 키우는 일이기도 하다.

일찍이 생 빅토르 위고는 "자신의 고향을 달콤하게 여기는 사람은 아직 주둥이가 노오란 미숙아"라고 갈파한 바 있다. 마찬가지로 위고의 영향을 받은 사이드나 아우에르바흐(Erich Auerbach)에 따르면 고향에 집착하는 자는 쾌락주의자이거나 아직은 덜 떨어진 인간이다. 이로써, 이른바 지역 감정의 마음보가 얼마나 노오란 미성숙인지 단번에 드러난다. 위고는 중급의 인간을 '모든 곳을 고향처럼 느끼는 자'(코스모폴리탄)로 정의한 다음, 마지막으로 '모든 곳을 타향이라고 생각하는 자'(이방인)를 상급의 인간으로 분류한다. 낡디낡은 말처럼, 선구자는 늘 탕자(蕩子)이거나 아웃사이더일 수밖에 없으며, 그래서 '횡단의 언어(langue traversiére)'(미셸 드 세르토)나 '간극의 언어(langue des intervalles)'(아이작 조지프)를 발설할 수밖에 없다. 아울러, 흔히 철학을 '낯설게 하기'의 훈련으로 여기는 것과 관련지어볼 만한 대목이기도 하다.

'고향이 없는 자'는 누구일까? '피와 땅(Blut und Boden)'으로 귀속되지 않는 삶의 양식은 무엇일까? 철학하는 자의 실존적 태도로써 낯설게 유배하며 살아가는 방식은 무엇일까? 아도르노에 따르면, 돌아갈 곳이 없는 자들에게 글쓰기는 반(反)고향의 고향이다. 물론 모든 철학이 '낯설게 하기'도 아니며, 글쓰는 자가 상급의 인간인 것도, 글쓰기가 인간실존을 담보하는 것도 아니다. 그러나 예나 지금이나 글쓰기는 '독립하되 고립되지 않는 삶'의 양식을 조형하려는 이들에게 주어진 생산적인 삶의 가능성이다.

기실 작가 에밀 졸라는 고향이 없는 자가 아니다. 「나는 고발한다!(J'accuse)」로 대변되는, 알프레드 드레퓌스를 변호하는 그의 일련의 글은 조국 프랑스에 대한 애정의 표시로 넘친다. 그는 드레퓌스 사건을 사적 연민의 대상이나 일개의 부당한 소송이 아니라 조국 프랑스를 그 중심에 두고 사고해야 할 자유와 인권의 세계사적 대의로 해석한다. 그리고 인류의 보편적 가치와 진실을 웅변하는 중에 적절하게 애국주의의 양념을 치기도 한다. 한 유대인(드레퓌스)의 대변자가 되느라 조국을 배신했다는 비난에 대해서도 그는 여전히 애국주의의 배수진을 친다.

"지금까지 전 세계에서 수백만 부가 팔린 40권의 제 프랑스어 작품을 고려할 때 제가 과연 프랑스의 영광에 충실한 프랑스인이 되기에 그토록 모자란 사람일까요?"

그러나 사건의 요체는 이 점에서 오히려 역설적이다. 드레퓌스 사건에 개입한 졸라의 조국과 고향은 아도르노의 말처럼 오히려 글쓰기 그 자체로 보인다. 그래서 그가 애국주의에 호소하는 그 순간에도 그 글쓰기의 행위 속에서 개현하는 보편성, 세계시민성, 그리고 외부성은 빛을 발한다. 언필칭 '자유, 평등, 박애의 프랑스'라고 한다면, 진정한 프랑스인은 곧 프랑스의 바깥에서 프랑스를 되돌아/굽어 볼 수 있는 존재라는 사실을 그의 펜은 명쾌하고 진득하게 증명하는 것이다. 그는 프랑스적 이념을 들먹이면서도 내내 프랑스의 바깥에서 사유하는데, 바로 그것이 글쓰기의 본령이며 지식인의 조건이다.

대체 졸라에게 생면부지의 드레퓌스라는 존재는 무엇이었을까? 당대 최고의 작가가 일개 장교의 억압당한 진실에 손을 내민 뜻은 무엇이었을까? 투옥과 망명과 암살의 위협을 무릅쓰고 일면식도 없는 드레퓌스를 위해 과감하고 끈질기게 투쟁한 이유는 무엇이었을까? 둘 사이에 사적 접촉이 없었기에, 그리고 그의 매체가 글쓰기였기에, 오히려 졸라의 공분(公憤)은 내내 외부적 보편성의 위치를 유지할 수 있었던 것이 아니었을까? 마치 장 칼라스 사건의 부당함을 항의하기 위해『관용론』을 쓰고 법정 나들이를 불사했던 볼테르처럼, 졸라 역시 드레퓌스라는 낯선 타인의 인권과 진실을 글쓰기라는 보편성의 프리즘을 통해 풀어놓았던 것.

바로 그것이 지식인들이 '역사'를 통해 사회적 약자로서의 타인들을 동무로서 호출하고 환대하는 길이다. 졸라가 일면 애국주의에 기대면서도 프랑스의 지평을 넘어설 수 있었던 것은 글쓰기라는 무국적의 매개를 통해 '역사의 빛' 속에서 사유하고 판단했기 때문이다. 체계와 그 풍경이 역사적 기원을 숨길 때, 지식인의 몫은 그 허위의 강물을 거슬러 올라가는 역사적 비판의 장정이다. 비록 드레퓌스의 아내에게 보내는 편지 속에서 졸라는 그를 존경하고 찬미한다며 너스레를 놓긴 하지만 그는 소심하고 성실한 군인일 뿐 결코 영웅적이지 않았다. 그러나 그 사소하고 평범한 한 개인의 불행을 보편성(역사) 속에서 헤아리고 또 그것을 외부성(글쓰기) 속에서 밝혔던 것은 진정 지식인의 몫이었다. 실로 드레퓌스라는 타자(유대인)를 대하는 졸라의 방식은 일관되게 '역사 속에서 나아가고 있는 진실'의 행보를 따라잡는 것이었다.

이윽고 졸라가 드레퓌스를 동무로 호출하고 그의 운명에 동참하는 방식은 (르네 지라르식으로) 사뭇 '신화적'인 데가 있다. 희생양의 미래적 전망 속에서 둘을 일치시키는 졸라의 직관적 태도도 흥미롭다. 지라르에 의하면, 고대의 신들은 모두 한때의 희생양들이 제의적으로 부활한 존재들이기 때문이다. 1898년 2월 졸라가 배심원 앞에서 읽은 글이다.

"저를 단죄하는 것, 그것은 저를 더욱더 대단한 인물로 키워주는 일일 뿐입니다. 모름지기 진실과 정의를 위해 고통을 감수한 자는 결국 존엄하고 신성한 존재가 되기 마련입니다."

1899년 9월에 발표한 글에서 졸라는 드디어 그 평범한 드레퓌스의 운명을 자신과 일치시킨다.

"지금까지 그(드레퓌스)보다 더 비극적인 운명의 벼락을 맞은 사람은 아무도 없습니다. 그런 까닭에 그는 오늘 만인의 존경과 사랑을 한 몸에 받는 지고한 존재가 된 것입니다."

졸라(Emile Edouard Charles Antoine Zola, 1840~1903)

자연주의적 기법의 글쓰기로 널리 알려진 졸라는 1840년에 태어나 1903년 타살의 의혹 속에 의문의 가스 사고로 죽었다. 그는 갖은 형태의 가난 속에서 젊은 날을 보냈는데 이 체험은 빈궁한 자들의 일상을 정확하게 관찰하는 눈과 더불어 사회적 약자들의 삶에 대한 동정적 시각을 키워주었다. 대중적 인기를 모은 『목로주점』(1877)이나 영화로도 유명해진 『제르미날』(1885) 등을 위시한 많은 작품과 비평을 남겼다.

드레퓌스(Alfred Dreyfus, 1859~1935) 사건

보불전쟁의 패배로 팽창적 민족주의 및 군국주의의 경향이 강화되고 있던 1894년, 프랑스의 기밀문서가 독일군에게 유출된 것이 밝혀지고 'D로 시작되는 이름을 가진 유대인'이라는 이유만으로 드레퓌스가 스파이로 지목되어 종신형을 선고받기에 이른다. 그러나 그의 무죄를 증명하는 여러 증거가 제시되고 진범이 지목되기에 이르자 프랑스는 드레퓌스 사건을 놓고 국가안보를 주장하는 재심 반대파와 개인의 인권과 진실의 가치를 주장하는 재심 요구파 사이의 극렬한 분열을 겪게 된다. 1898년 1월 13일, 에밀 졸라가 "진실은 지하에 묻혀서도 자란다"며 대통령에게 보낸 공개서한 「나는 고발한다」가 전 세계적으로 막대한 파급력을 행사하자 재심 요구파 쪽으로 전세가 역전되었고 드레퓌스는 사건이 일어난 지 10년 만에 새로운 증거들을 첨부하여 최고재판소에 재심을 청구, 결국 1906년 무죄를 선고받았다.

왜 그는 친구(애인)가 없는가?

쇼펜하우어와 그의 어머니 요한나

Arthur Schopenhauer

Johanna Schopenhauer

아들 쇼펜하우어가 필경 위대한 인물이 될 것이라는 괴테의 예언에 요한나는 발끈한 채 그 유명해진 문장으로 대꾸한다.

"한 가족에 두 명의 천재는 없어요!"

사랑을 '자기 자신이 타자 속에 존재함(Seinselbstsein in einen Fremden)'으로 여기는 헤겔적 공식에 따르면, 어머니 요한나는 아들 쇼펜하우어를 자신 속에 존재하지 못하도록 막은 셈이다. 자식은 어머니를 성공적으로 통과함으로써 세상 속에 성인으로 독립하는 법인데, 요한나는 아들 쇼펜하우어의 (통과의례적) 통로를 봉쇄한 것이다.

모자 사이의 이 갈등은 우리에게만 낯선 게 아니라 그 자체로도 기이하게 보인다. 그러나 '사랑의 일심동체'라는 유용한 거짓말처럼, 모자관계의 환상은 실로 적잖은 현실적 갈등을 숨기며, 또 결국 숨길 수 없으므로 더욱더 그 환상을 고착시키려 한다. 호의가 그 자체로는 아무것도 아니며 기껏해야 일종의 사회적 무의식이거나 생물학적 에너지에 불과하다는 사실을 가족관계만큼 극명하게 증명하는 곳도 없다. '호의로 포장된 지옥'이라고들 하지만, 그것은 실로 모든 가족적 관계의 별칭이라고 해도 좋을 것이다. 나는 동무론과 관련해서 '세속(世俗)'이라는 개념을 오랫동안 재서술해왔는데, 그것은 무엇보다도 '어리석은 호의의 희비극 공간'을 가리킨다.

여담으로 설명을 보태면, 모성의 신화에 젖은 이들은 이들의 관계를 특이한 것으로 백안시하겠지만, 서양의 경우 가족이 친밀성의 공간이 되고 자식들이 부모의 사랑을 받으며 성장할 수 있는 '가정'으로 변화한 것은 그리 오래된 일이 아니다. 가령, 남녀 간의 '사랑'이 가정 속으로 기입된 것은 불과 18세기 이후의 현상이며, 아이(자식)들이 독자적인 존재로 사랑과 보살핌의 대상이 된 것도 14~5세기 이후 점진적으로 진화하면서 19세기에 이르러 정점에 달하게 되는 것이다. 서양 중세의 경우 우선 가족, 가정이라는 테두리가 흔히 '성(castle)'에 비기곤 하는 오늘날에 비하면 매우 희미한 편이었고, 다산다사(多産多死)하는 아이들이 부모로부터 집중적인 관심과 배려를 받을 수 없는 것은 당연한 일이었다. 중세의 어느 곳에서나 영유아들의 사망률은 50퍼센트를 훨씬 넘어섰고, 부모들은 성가시거나 불편한 아이들을 '재량껏' 죽이곤 했다.

요한나는 그 철학자 아들을 통해서야 흘낏 알려지곤 하지만, 당대에는 그 나름대로 명망 있는 저술가였다. 다만, 그녀는 괴팍하고 침울했던 아들의 재능만은 끝내 인정할 수 없었던 모양이고, 스스로의 재능에 대해서는 나르시스적 집착과 허영을 보였던 모양이다. 밀러(Alice Miller)는 다년간의 임상연구를 통해서 학대받은 아동들이 성공적으로 성장할 경우에 아동들을 학대한 부모들이 그들의 성공과 성취를 인정하지 않으려 하거나 심지어 시기하고 질투하는 이율배반적·이중구속적 태도에 빠진다고 지적한 바 있다. 사실 내 개인적인 경험에 비추어 보더라도 이 내부-갈등이 별스럽게 여겨지지 않는다. 피를 나눈 사이에서도 기질과 취향의 갈등은 물론이거니와 종교나 이해관계의 치명적인 편차, 심지어 계급 갈등까지 어렵지 않게 찾아볼 수 있기 때문이다. 물론 가족 내부의 갈등을 은폐하거나 무마하려는 제도적·문화적·이데올로기적 장치들은 여전히 공고하다. 그러나 할리우드 영화의 가족주의적 엔딩에서와 같이 미끈하고 뒤끝없이 미봉되는 것은 비현실적이다.

널리 알려져 있다시피, 아들 쇼펜하우어의 여성 혐오증은 나름의 경지(!)를 이룬다. 『수상록』(1845)에 요약되어 있는 그의 여성관에 의하면 여자는 종족 보존의 도구, 그 이하도 이상도 아니라는 점에서 그의 생각은 여전히 고중세적이다. 일찍이 아리스토텔레스 역시 여자들에게 정의, 용기, 절제 같은 덕목을 부여하기를 꺼렸고, 이후 여성 혐오증은 중세적 암흑기의 참학(慘虐)을 거쳐 근대 깊숙이 이어져 왔지만, 쇼펜하우어의 논설은 그 문투와 기운에서 사적 비난의 기미가 짙고 심지어 경미하게나마 병적인 구석조차 엿보인다.

물론 쇼펜하우어의 여성 혐오증을 그의 어머니 요한나의 태도와 성정으로 소급시키곤 한다. 인간사의 복잡다단함을 사상한 채 한 곳으로 수렴시키는 인과(因果)의 도식은 대개 사후의 재구성일 경우가 많다. (러셀의 말처럼) 그것은 그야말로 '설명'이며 설명은 대체로 '기원'을 죽인다. 그러나 그 인과 속에서 까탈스러운 아들의 몫을 인정한다고 하더라도, 그 증상의 중요한 부분을 그 어머니와의 관계 속에 귀속시키려는 해석은 큰 무리가 아니다. 요약하자면, 문제의 열쇠는 문필가의 재능과 허영이 만만치 않았던 요한나가 아들의 재능을 '인정'하지 않았다는 데에 있어 보인다. 사랑도 인정의 일종이지만, 인정이 반드시 사랑일 필요가 없다는 사실을 기억하면, 실은 사랑보다 인정이 보다 근본적인 상호작용의 틀이다.

사랑을 인정의 틀을 통해서 사유했던 청년 헤겔의 직관을 임상적으로 활성화시킨 인물은 영국의 심리분석가인 위니콧(Donald W. Winnicott)이다. 위니콧에 따르면, 아이가 나르시스의 단계에서 벗어나 세상 속에서 다른 주체들과 더불어 독립된 인격으로 성숙하기 위한 조건은 어머니(혹은 일차적 신뢰의 대상)가 아이의 원형적·파괴적 행동을 견디며 그 재능과 개성을 인정해주는 것이다. 쉽게 말하자면, 아이가 세상 속에서 주체화할 수 있는 능력은 곧 그 어머니의 지속적인 보살핌에 대한 시원적이며 진득한 신뢰에 의존한다는 것이다.

내 짐작에 이 초기 신뢰의 부재는 쇼펜하우어의 성정에 결정적인 영향을 끼친다. 평생을 이어지는 그의 불신벽(不信癖)과 피해망상은 호사가들의 소재가 되곤 할 정도였다. 장전한 권총을 머리맡에 감추고 잠에 드는 것은 그렇다고 쳐도, 이발사의 면도날에 극심하게 신경질적인 반응을 보이거나 심지어 파이프를 통에 넣고 자물쇠를 다는 것은 사뭇 병적일 수밖에 없다. 괴테의 고지(告知)처럼 요한나의 아들은 결국 '위대한' 사상가가 되긴 했지만, 어쩌면 그 사상의 힘으로도 끝내 세상 속으로는 들어서지 못했는지도 모른다. 반복하지만, 특히 어머니와의 초기 – 신뢰관계, 혹은 특수한 상호인정관계이자 의사소통구조로서의 사랑의 관계는 아이가 세상 속으로 당당하게 진입할 수 있는 결정적 조건이기 때문이다.

아울러, 이와 직접 관련되는 삽화이지만 쇼펜하우어가 자신의 재능을 인정받기 위해 벌인 추태 역시 가히 편집증적이다. 그가 경도한 불교의 무상론(無常論) 역시 충족되지 못한 지적 허영의 이면이었을 가능성이 매우 농후하다. 물론 그의 유아적 인정투쟁의 강박적 태도는, '한 가족에 두 명의 천재는 없다'는 어머니 요한나의 지적 허영과 질시로 재차 소급된다.

이 기묘한 철학자를 위해 마지막으로 한 마디만 덧붙이자. 왜 그는 애인도 친구도 없이 개와 더불어 살고자 했을까? 그 개는 그의 어머니 요한나와 어떻게 관련되는 것일까? 아니,

그저, 위니콧을 빌려 조금 애매하게 말함으로써 이 민망한 질문을 급히 에두르자.

"의사소통적으로 잘 보호된, 혼자 있을 수 있는 능력이야말로 우정(사랑)이 형성되는 조건이다."

쇼펜하우어(Arthur Schopenhauer, 1788~1860)

모친과의 심각한 불화로 인해 여성 혐오적 사고관을 지녔다고 전해지며 현실에 대한 염세적인 시각을 철학적 사유의 출발점으로 삼아 형이상학적 숙고로 이끌어 갔다. 늘 불만스러웠던 모자관계가 1814년에 극에 달해 어머니와 살아 있는 동안 서로 보지 않기로 합의를 한 후 드레스덴으로 이주하였고 그의 말년에 함께 생활한 유일한 존재는 그가 아꼈던 충실한 강아지뿐이었다.

요한나(Johanna Schopenhauer, 1766~1838)

부유한 상인의 집안에서 장녀로 태어나 18세에 그녀보다 스무 살 많은 남편과 결혼했다. 남편이 죽자 바이마르로 이사한 뒤, 많은 문학작품과 여행기를 저술하여 여류작가로 성공하였고 살롱을 열어 괴테를 비롯한 문인들과 교류했다. 아들의 '비뚤어진 심성'을 매우 한탄했던 그녀는 결코 자상한 어머니는 아니었으며, 이 모자관계는 처음부터 화합될 수 없는 것이었다고 한다.

주소의 부재에 응답하는 미소

부처와 가섭

길도 없이 산정(山頂)에 오르는 스승과,

주소도 없이 집을 찾아가는 제자의 말없는 일치!

부처

가섭

동무와 스승을 대담하게 일치시킨 인물로 흔히 이탁오(李卓吾)를 들곤 한다. "스승과 벗할 수 없으면 곧 참된 제자가 아니"라는 것이다. (물론, 우선 이 발언의 주체가 스승인지 혹은 제자인지를 따질 일이다.) 니체는 한 걸음 더 나아가, "스승보다 못한 제자는 참된 제자가 아니"라는 발상에 이른다. (물론, 여기에서도 우선 이 발언의 주체가 제자를 지속적으로 키워본 적이 있는지를 물어볼 일이다.) 그러나 이런 식의 뒤집기가 이미 통속적으로 여겨진 지 오래다. 물론 우리 시대는 이미 몇 걸음 더 나아가면서 '스승은 없다!'는 사정을 돌이킬 수 없이 증명하고 있다. (그러나 실은, '스승이 없다'는 말은 '제자들은 모두 소비자로 바뀌었다'는 세태의 일반 명령에 다름아니다.)

● **173** ●

스승과 제자 사이의 전통적 관계는 '지음(知音)'이라는 박물관적 어휘 속에 온존하고 있다. 그러므로, '소리[音]'가 사라진 역사사회적, 인간관계론적, 혹은 매체론적 과정과 연유를 헤아려보면, 거꾸로 스승이 불필요해진 현대의 사정과 그 과정을 유추할 수 있다. 한때 유행했던 말을 차용해서 그 사정의 한 갈래만을 짚어보자면, 전래의 '음성중심주의(phonocentrism)'에 대한 문화지식산업적 비판, 혹은 대체가 일상화된 것이다.

과거의 학인들에게 공부는 곧 소리내기, 혹은 소리듣기의 문제와 별개일 수 없었다. 그것은 근본적으로 스승과 선학의 음성장(音聲場) 속에 스스로를 복속시키는 생활의 방식을 가리켰다. 가령, 연암 박지원은 글의 '소리'를 중시했고, 제자인 초정 박제가는 자신의 급진주의적 북학론을 펼치는 중에 '소리'를 잊은 글자만의 공부를 부모를 떠난 자식에 빗대면서 비판한 바가 있다. 공부하는 선비들이 주요 경전들을 수십, 수백 번씩 읽는 일은 그저 일상의 다반사일 뿐이고, 심지어 통으로 외는 경우도 드물지 않았다. 꽤 널리 알려져 있듯이, 불교 선사들의 공붓길은 흔히 부지불식간에 찾아오는 '소리'를 매개로 완결되곤 한다. 영운지근(靈雲志勤)은 청소하다가 던진 기와장이 대나무에 부딪치는 '소리'를 듣고 대오(大悟)하고, 청허휴정(淸虛休靜)은 닭 우는 '소리'를 듣고 크게 깨우치고, 고봉원묘(高峰原妙)는 목침이 침상 아래로 떨어지는 '소리'를 듣고 대오각성하고, 초석범기(楚石梵琦)는 성루의 북 '소리'를 듣고 대오했다고 전한다.

그러나 현대의 공부는 소리, 혹은 육성과 무관한 일종의 제도요 시스템이다. 그리고 그 시스템은 자본과 관료에 의해 매우 촘촘하게 포획되어 있다. 요컨대, 그 미세현묘한 소리 속에서 스승과 제자를 이어주던 지음(知音)의 관계는 이미 고물상의 폐품이나 박물관의 박제 속에 속절없이 떠밀려가고 만 것이다. 그것은 비단 스승과 제자 사이의 형편만이 아니다. 근대

적 교육과 교양이 관념적·문자적 계몽주의의 1차원적 형식
속으로 휩쓸려 들어간 데다, 현대인의 존재를 일상적으로 전
유하고 있는 갖은 신매체들의 전포괄적 영향력은 육성(肉聲)
의 인문적 대면관계를 실질적으로 불가능하게 만든다.

가령 '나는 그 사람을 안다(만난다)'는 말의 뜻은 시속과 상
식, 그리고 매체환경 등에 의해 규정되는 것으로서, 각 시대나
세대 사이에 메울 수 없는 단절의 심연을 품고 있다. 그래서
"듣다가 죽어버려라!"는 경구를 대면관계의 지침으로 삼는 나
같은 사람과, 눈앞의 상대를 두고도 쉼없이 핸드폰을 주고받
을 수 있는 사람은 앎과 사귐에 대한 동일한 이해와 태도로 살
아가는 게 아니다.

이를테면, 이미 우리는 '스승과 제자'라는 관계를 태연하게
떠들 수 있는 세상 속에 살고 있지 못한 것이다. 독특한 앎과
사귐의 배타적 이치에 근거한 그 관계는 이미 시효를 넘긴 주
화(鑄貨)와 같다. 사제(師弟)라는 그 낡고 오연한 관계의 퇴화
는 오랜 대면과 깊은 육성이 폐기된 현대적 세속의 중요한 증
상인 셈이다. 이 글은 일견 '소리'의 상실을 안타까워하는 듯
읽히겠지만, 우리가 잃은 것은 단지 소리만이 아니다. 소리 이
전의 단계에서 이미 확철(確徹)해지는 그 유심(幽深)한 이치의
교류말이다.

아는 대로 가섭은 부처님의 글도 말(소리)도 아닌 마음을 받은 제자로 선종(禪宗)의 역사에서 한 꼭짓점을 이룬다. 물론 부처님과 가섭의 관계야말로 스승과 제자의 관계가 이를 수 있는 한 지극한 경지의 정화가 아닐 수 없다. 이른바 염화미소(拈華微笑)로 대변되는 전심(傳心)의 이치다. 그러나 '마음에 집착하지 말라'거나 아예 '마음이 없다'는 식의 부정법(via negativa)에 익숙한 불가적 공부의 전통이, 스승과 제자 사이의 말할 수 없는 전심의 이치에서 발원한다는 아이러니 역시 몹시 흥미롭다. 그 역설적 흥미는, '포스트모더니즘'으로 통칭되는 사조는 물론이거니와 20세기의 철학 일반이 특별히 마음과 의식의 탈중심화나 해체에 주력했다는 사실에서도 거울상의 모습을 한 채 반복된다.

인간은 그 매체적 여건 속에 관계의 닻을 내리면서 쉼없이 변해간다. 그러므로 마음으로 맺은 관계, 대면과 육성으로 맺은 관계, 글쓰기로 맺은 관계, 핸드폰으로 맺은 관계, 혹은 살이나 화폐로 맺은 관계 사이의 차이는 이미 인간 존재 그 자체의 문제가 될 수밖에 없다. 이미 오래전에 '인간은 자신의 바깥에 존재한다'(헤겔)고 했거니와, 현대의 인간은 자신들의 관계를 형식적으로 규정하는 갖은 매체들 속으로(그러므로, 바깥으로) 들어가(그러므로, 나와)버렸다.

부처의 염화(拈華)와 가섭의 미소는 특정한 (비)매체적 여건 속에서 성취할 수 있었던 최고의 인간관계에 대한 추억이다. 그것은 '주소의 부재'(A. 바디우), 혹은 '길없는 길'로 대변되는 스승과 제자 사이의 지음의 이치를 가리킨다. 길도 없이 산정(山頂)에 오르는 스승과, 주소도 없이 집을 찾아가는 제자의 일치를 상징하는 것이다. 골프 관광을 다니는 니체를 상상하기 어렵듯이, 핸드폰을 두드리고 있는 달마의 풍경 역시 금세 찌그러진다. 그만큼 매체(의 부재)는 그 인간의 존재를 조형한다. 그 어느 때보다 웃음의 산업이 만발한 세상이지만, 염화시중의 미소로 전해지는 스승과 제자 사이의 말없는 일치의 신호는 영영 다시 오지 않을 것이다.

부처와 가섭

석가모니 부처는 불교의 개조(開祖)로서 인류의 스승이자 성자로 추앙받는다. 중부 인도의 카필라 성(城)의 태자였으나, 삶의 근본문제에 부딪쳐 29세에 출가했고, 오랜 고행과 명상 끝에 보리수 아래에서 35세의 나이에 대각(大覺)을 이루고 성불했다. 이후 45년 동안 인도의 각지를 순례하며 설법과 교화를 계속하다가 80세에 입적했다. 가섭은 아난존자와 더불어 부처의 10대 제자 중 으뜸으로 치며 흔히 두타제일(頭陀第一)로 불린다. 부처는 입멸시에 가섭이 모든 수행자들의 의지처가 될 것이라고 말하여, 전법(傳法)의 제자로서 그의 위치를 분명히 해준 바 있다. 부처와 가섭은 예수와 요한, 그리고 공자와 안연처럼 사제 간의 연심(淵深)하고 지극한 관계를 표상하는 상징으로 흔히 거론된다.

염화미소(拈華微笑)

선종에서 선(禪)의 기원을 설명하기 위해 전하는 이야기로서 「대범천왕문불결의경(大梵天王問佛決疑經)」에 다음과 같이 기록되어 있다.

세존께서 영산(靈山)에서 설법하시는데 하늘에서 네 가지 꽃이 내리거늘
세존께서 그 꽃을 들어 대중에게 보이니 가섭만이 빙그레 웃었다.
이에 세존께서 말씀하시기를,
"나에게 정법안장(正法眼藏, 불법을 바로 아는 바른 안목)이 있는데 마하가섭에게 전하노라" 하셨다.

즉, 말을 하지 않고도 마음과 마음이 통하여 깨달음을 얻게 된다는 뜻으로, 선 수행의 근거와 방향을 제시하는 중요한 화두이다.

천재, 혹은 이기적인 태양

피카소와 애정의 약자들

천재, 혹은 이기적인 태양

피카소와 애정의 약자들

천재의 에고이즘의 불꽃 속에 든 애정의 약자들은
그 예술적 영감의 불쏘시개가 되어 바스라졌다.

Pablo Picasso

카페에서 그를 찾아온 독일 청년 세 명이 "당신이 추구하는 예술의 미학적 '본질'이 무엇이냐?"라고 묻자, 피카소는 돌연 권총을 빼들고는 천장을 향해 발사했다. (과연, 남미를 피로 물들인 스페인 제국의 후예답지 않은가?) 그것도 정확히 세 발! 그 청년들 마음속의 '본질'을 향해 불을 뿜어 단숨에 바스라뜨린 것이다. "하나의 그림을 완성하기 위해 '본질'적으로 필요한 최후의 낙점에 결코 도달할 수 없다"고 외치던 당돌한 스페인 화가의 낙점(落點)은 이처럼 폭력적이었다.

당연하지만, 그는 이른바 화룡점정(畫龍點睛)을 믿지 않았다. 자유의 실현과 더불어 역사의 종말에 이른다던 헤겔의 지론처럼, 현대 미술이 현시한 그 현란한 자유의 환등(phatasmagoria) 속에는 표현의 부나비 떼만 일희일비할 뿐, 재현해야 할 그 어떤 '본질'도 없었다. "예술로서의 예술의 역사는 완전한 개방성 속에서 종말을 고하였다"는 단토(A.C. Danto)의 선언 역시 헤겔적 상식을 반복한 것에 불과했다. 미술사 속의 피카소는 20세기가 열어젖힌 이 완전한 개방성으로서의 종말을 총체적으로 예시한 인물인 셈이다.

20세기 문화예술계는 피카소의 자유와 개방에 무한한 찬탄을 보냈다. 그러나 그가 그 자유와 개방을 '자유롭게', 그리고 '개방적으로' 이용한 것만은 아니다. 비본질주의자였던 그는 응당 그림 속의 낙점 따위를 믿지 않았지만, 실은 그의 기질과 재능과 명성과 권위는 이미 그 자체로 낙점의 권력을 행사하기에 부족함이 없었다. 그리고 문제는, 그 낙점의 방식이 그의 기질과 성격과 어울리면서 이기적으로 표출되고, 심지어 폭력적인 양상을 띤다는 사실에 있었다.

비본질주의적 유연성이나 관용이 정신사적 진보를 뜻한다는 사실을 부인할 수는 없다. 가령 루터나 틴들(W. Tyndale)이 성서를 독일어나 영어로 번역한 일은 라틴어 본질주의를 깨트리며 근대의 물꼬를 튼 사건이었다. 근세 초 영국의 대학들이 여전히 스콜라주의적 본질주의의 자장에서 허우적거리고 있을 때에 그 미몽을 깨부수는 데 전위적이었던 그룹은 〈왕립협회〉의 경험주의로 대변되는 비본질주의적 태도와 정신을 지닌 이들이었다.

요컨대, 근대든 현대든 정신의 진보는 갖은 본질의 따개비들을 까뭉개는 사건들과 인물들로 점철되어 있는 것이다. 피카소 역시 그같은 전위적 전통의 맥을 잇는 대가이자 걸물임을 그 누구도 부인할 수 없을 테다. 그러나 정신사적 진보가 반드시 생활의 진보와 일치하는 것은 아니다. 오히려 정신과 유행의 첨단에 얹힌 탓으로 인한 허위의식이나 자유의 과용은 종종 생활 속의 이기주의와 독단으로 흐르곤 한다. 마찬가지로 피카소의 예술적 비본질주의는 그의 기질적 이기주의와 거의 영웅적으로 내통했던 것!〔옛 선비들이 공붓길에서 특별히 기벽(奇癖)을 경계한 일은 이와 관련해서 살펴볼 노릇이다.〕

피카소는, "진리? 어떤 진리 말입니까? 진리는 존재할 수 없습니다. 내가 그림에서 진리를 추구한다면 그 진리로 수백 장을 그릴 수 있을 것이요!"라고 외쳐댔다. 이는 당대의 지식인들 사이를 누비면서 살던 그의 이력이 결절하는 순간일 것이다. 본질도 낙점도 완성된 목적(telos)도 있을 수 없는 그의 작품은 그에게는 하나의 행복한 사건이자 경험, 삶의 한 과정일 뿐이었다. 따라서 (예술은 종교나 사랑과 더불어 워낙 낭비요 탕진이긴 하지만) 그의 예술은 '본질'적으로 천재적 파토스가 자신을 탕진하는 '과정 속의 향락'이었다. "무엇을 그리는지 알기 위해서는 그리기 시작해보아야 한다"는, 일견 헤겔을 연상시키는 그의 말은 그의 지론에 비추어 정직한 것이다. 그러나, 만약, 그가 '무엇을 사랑하는지 알기 위해서는 사랑해보아야 한다'고 했다면, 바로 그곳이야말로 스스로의 욕망과 야심에 정직한 천재의 희생제의가 시작되는 곳이다.

조금 거칠게 평하자면, 피카소의 천재가 발동하면서 작품을 탄생시키는 곳은 곧 그 천재의 자장(磁場) 속에 든 사람들이 죽어나가는 곳이기도 했다. 실제로 여자가 바뀔 때마다 그의 화풍이 달라졌고, 그의 회화사를 여성편력사로 엮어내는 호사가의 얘기에 우리는 이미 익숙하다. 이 점에서 그는 호색한 사르트르와 연애 낭만주의자 괴테를 뒤섞어 놓은 꼴이라고 해도 좋을 것이다.

피카소는 천재의 에고이즘을 그 누구보다도 냉철하고 화려하게 보여주었으며, 그 에고이즘의 불꽃 속에 든 애정의 약자들은 그 예술적 영감의 불쏘시개가 되어 바스라졌다. 피카소의 첫째 부인 올가의 손녀인 마리나 피카소는 『나의 할아버지, 피카소』(2001)에서 이 사정을 다소 과장스레 요약한다.

"그가 여자들을 좋아한 것은 그들이 그에게 불러일으키는 동물적 성충동 때문이었다. 여자들은 자신들의 신비를 토해내야만 했다. 신선한 육체를 좋아하는 그는 그들을 서둘러 죽였고, 강간했으며, 영양분으로 섭취했다. 피와 정액으로 범벅이 된 그들을 자신의 화폭에 열광적으로 되살렸으며, 그들에게 자신의 폭력을 받아들이기를 강요했고, 그들이 불러일으키는 성적 힘이 무뎌졌을 때는 가차없이 그들에게 죽음을 선고했다. 그가 섹스와 그림에서 끌어내는 관능은 본질이 동일했다."

에바 구엘은 31세로 요절했고, 올가 코흘로바는 그의 애정을 잃은 뒤에 정신이상을 일으켰으며 반신불수로 삶을 끝낸

다. 마리 테레즈도 그에게 버림받은 뒤 그의 죽음과 함께 목을
맨다. 도라 마르도 그와의 이별을 삭이지 못한 채 정신병원을
들락거렸고, 자클린 로크도 권총자살로 생을 마감한다. 마리
나 피카소는 오빠 파블리토의 자살, 그리고 자신의 아버지이
자 피카소의 장남인 파울로의 자살을 모두 할아버지 피카소의
탓으로 돌린다. 피카소를 정점으로 그녀의 가족사를 뒤덮은
먹구름 속으로부터 힘겹게 빠져나와 사회봉사활동을 벌이고
있는 그녀는 절규한다.

"가까이 다가오는 사람들을 집어삼키고 절망에 빠뜨릴 권
리가 위대한 예술가들에게는 있는가? 그들의 작품이 제아무
리 찬란할지언정 사람의 목숨을 희생시킬 만한 가치가 있는
가? 나의 가족은 저 천재가 쳐놓은 덫에서 벗어날 수 없었다.
그는 자신의 작품 하나하나를 완성해가는 데 타인의 피를 필
요로 했다. 나의 아버지, 오빠, 어머니, 할머니의 피와 나의
피, 그리고 한 인간을 사랑한다고 여기며 피카소를 사랑한 모
든 이들의 피."

피카소(Pablo Picasso, 1881~1973)

1881년 스페인에서 태어난 피카소는 한 시대가 예술가에게 내릴 수 있는 모든 명성과 권세를 누리면서 90세를 넘겨 장수하다가 1973년 프랑스에서 92세로 생을 마감했다. 그는 여러 장르의 무수한 작품으로 20세기의 미술계를 평정했으며, 별로 잘 그린 것같지도 않은 「아비뇽의 처녀들」(1907) 이후 그의 영향권에 들지 않은 작가들이 거의 없다시피 했는데, 생애의 말년에는 비평계의 시선조차 넘어서 있는 듯했다. 그는 그 긴 생애 동안 끝없이 새로운 미술과 새로운 애인을 추구했다.

어긋나는 살과 말

라시스와 벤야민

"그녀가 방에 들어왔을 때 그녀에게 키스하려 했지만,
늘 그랬듯이 실패했다."

Asja Lacis
Walter Benjamin

나는 벤야민의 정부(情婦)였던 아샤 라시스의 의도와 태도, 그리고 특히 생의 말년에 남긴 그에 관한 회고를 그리 신뢰하지 않는다. 애인은 애인을 제대로 보고하지 않는다는 만고의 상식만으로 하는 말이 아니다. 그녀는 단지 한 명의 애인으로 살아갈 수 있기에는 너무나 야심만만한 여성이었다. 그녀는 눈빛에서부터 어투에 이르기까지 요부(妖婦)로서의 재능이 충만했지만, 불행/다행하게도 동거하는 남자가 있었을 뿐 아니라 스스로를 혁명가로 생각하고 있었다. 벤야민이 다소 비만한 몸을 꼼지락거리며 결코 기민하지 못한 동작으로 다소간 어눌하고 소심스럽게 키스해줄 것을 요청할라치면 라시스는 그 고양이 같은 눈동자를 장난스럽게 번쩍거리면서 그를 피했다. 그러고는 애매하고 유약하다고 판단한 그의 형이상학을 들어 번번이 닦아세웠다.

"그런데 문화의 대가라는 너는 도대체 어디에 서 있는 거야? 네 동생은 공산당에 가입했는데 왜 너는 하지 않는 거야?"

벤야민의 『모스크바 일기』(1926~27)를 통독한 뒤에 남았던 가장 분명한 인상은 그가 그 안경 너머의 심원하고 예리한 눈빛이 시사하는 것보다 훨씬 더 뚱뚱하며 굼뜨게 움직일 뿐 아니라 멈칫거리길 잘하는 성격이라는 느낌이었다. 그의 죽마고우인 게르숌 숄렘(Gershom Scholem)의 전언에 의하면, 그 정신적 총기에 비해 벤야민은 육체적으로 강인하거나 유연하지 못했으며 특히 여자들에게 성적으로 매력적인 타입은 결코 아니었다는 것이다. 가령, 이런 식의 지적은 어떨까? 내 판단에 벤야민은 다소 기이할 정도로 '입을 제대로 맞추질' 못한다.

"그녀가 방에 들어왔을 때 그녀에게 키스하려 했지만, 늘 그랬듯이 실패했다."

그는 심지어 키스해주기를 간청하기조차 하지만 여지없이 거절당하곤 한다. 벤야민은 날랜 흑표범의 그것처럼 번득거리는 라시스의 입술과 살을 소유하려는 일념에서 채 두 달이 못 되는 모스크바 체류 중에 쉼없이 선물공세를 퍼붓는다. 책, 과자, 케이크, 실크 브라우스, 인형 등을 일상적으로 갖다 바치는 이외에도 '평생 간직할 만한 큰 선물'을 실없이 약속하곤 한다.

섹스에서 혁명 사이를 오락가락하는 그들의 욕망 사이로 말(라시스)과 선물(벤야민)의 엇갈린 교환만이 이 두 연인이 전유할 수 있는 유일한 현실이었다. 그녀는 기민한 동작과 말로써 벤야민의 서투른 구애를 매번 꺾어 놓는데, 벤야민의 지성과 글의 스타일에 매혹당한 후대의 순박한 독자들은 이 희한한 꼴에 고운 시선을 던질 수만은 없다. 아무튼 벤야민은 발정(發情)과 정서적 허무주의 사이를 절망적으로 왕래하면서 마음에 들지 않는 만년필로 마치 자신의 허벅지를 찍듯이 당시의 심정과 풍경을 일기 속에 묵묵히 기록할 뿐이었다.

책의 장정, 글씨(서체), 그리고 종이에 열광했던 이 글쓰기의 천재는 연인과의 대화에서는 빼도 박도 못한 채 실패하고 있었다. 물론 워낙 말이 통하지 않는 관계가 연인이며, 살이 통할 수 있도록 말의 소통을 무기한 연기할 수 있는 게 연인이긴 하다. 스스로 고백한 바 벤야민이 알았던 가장 뛰어난 여성이며 급진적 공산주의의 현실성을 깊이 통찰하고 있었고 그의 유대신비주의에 정치현실적 변혁의 맹아를 심어주었다고 평가되는 라시스! 그러나 둘만의 사적 공간 속에서의 그녀는 무엇보다도 '말이 빠른 살', 굼뜬 벤야민으로서는 도무지 잡을 수 없는 '말이 빠른 살'이었다. 그리고, ("사랑하는 자여, 그대 이름은 약자", 라고 하듯이) 벤야민은 무엇보다도 그 살을 설득하거나 포획할 수 없는 어눌한 말이거나 선물이었다.

"우습게도 난 너무나 단순한 이야기를 두 번째로 듣고서야 이해했다. 이런 일이 내겐 자주 일어난다. 너무나 집중해서 그녀를 바라보느라 그녀가 말하는 것은 거의 듣지 않고 있는 것이다."

흑표범은 곰에게 말을 걸지만 그 곰은 다만 비단처럼 유혹적으로 흔들리는 그 흑표범의 살을 볼 뿐이라는 사실, 이 어긋남의 변증법으로써 통속의 사랑은 되레 회생한다. 사실 이 어긋남의 자가발전은 역사철학에까지 이른다. '반사회성의 사회성'이라는 칸트적 역사철학이나 '인정투쟁'이라는 헤겔적 역사철학도 결국 그 어긋남의 편차에 의탁한 자가발전의 윤동(輪動)에 다름아니다. 마찬가지로 '사랑은 오인(어긋남)에 근거한다'는 정신분석적 명제는 그 모든 위대한 소설이 반복해서 확인시켜주는 낡디낡은 이치다. 소설가란 대체 누구인가? 지라르의 설명처럼, 그는 인간들 사이의 상호작용에서 피할 수 없는 오해와 오인을 겪어낸 사람인 것이다. 그래서 플로베르, 혹은 바르트의 말처럼, 연인 사이의 열정의 핵심은 그 심리적 편차와 어긋남에서 쉼없이 생성되는 물매 효과인 것이다.

벤야민은 쉼없이 선물을 갖다 바치면서 키스를 욕망하지만, 라시스는 호나우딩요처럼 잽싸게 움직이면서 (입술이 아닌) 말로써 야무지게 공박한다. 말과 살의 일치를 욕망하면서도 끊임없이 어긋날 수밖에 없는 그 물매의 효과야말로 연인들을 쥐락펴락하면서 그 피를 끓게도 마르게도 하는 주된 요인이다. 밀란 쿤데라는 『농담』(1968) 속의 두 연인, 루드빅과 루찌에의 경우를 통해 동일한 어긋남을 예시한다. 살을 가운데에 두고 벌어지는 둘 사이의 물매는, 말과 선물로서 어긋나는 것이다.

"우리가 만날 때에는 언제나 꽃이 기다리고 있었으며, 나는 마침내 이에 익숙하게 되었다. 이런 식의 선물에 루찌에가 굉장히 집착하고 있었다. 이는 아마도 그녀가 늘 화술의 부족으로 시달림을 받아왔으며, 이에 따라 꽃 속에서 일종의 언어형

태를 발견하였기 때문인지도 모를 일이었다."

  살과 말의 욕망은 늘 어긋난다. 살에는 말이 없고, 말에도 살이 없다. 물론 연정은 그 어긋남의 역설적 생산성(변증법)을 먹고 영생한다. 그리고 그 어긋남의 자리에서 선물은 안타깝고 쑥스럽게 기동한다. 데이비스(N. Z. Davis) 등의 보고처럼, 선물은 원시경제이면서 한편 자본제적 교환에 대항해서 의식적으로 번성하기도 한다. 워낙 선물이나 약탈이 자연적이며, 교환이나 계약은 인위적인 것이다. 그러나 이제 와서 선물만으로 자본주의를 견제할 수도 없으며, 더욱이 말과 살 사이의 갭을 메우지도 못한다. 그러나 누가 사랑을 두려워하랴? 물론 사랑은 선물의 실패를 통해서 또다시 부활할 것이니.

라시스(Asja Lacis, 1891~1979)

라트비아 출신의 볼셰비키로서 혁명 이후 소비에트 문화계에서 배우 겸 연출가로, 두마 이후에는 공산당원으로 활동했으며 벤야민을 혁명적 마르크시즘에 경도케 한 장본인이다. 1924년 카프리에서 만난 벤야민에게 "똑바른 정신으로 생각하는 진보적인 사람들은 팔레스타인이 아니라 모스크바로 가야 합니다"라고 충고하자 1926년 겨울, 벤야민은 모스크바를 방문한다.

벤야민(Walter Benjamin, 1892~1940)

형이상학적 · 유대신학적 요소를 사적 유물론과 결합시킨 독특한 사상가로서 『독일 비극의 기원』 집필 차 체류했던 카프리 섬에서 알게 된 아샤 라시스와의 만남은 벤야민의 사상적 좌경화에 중요한 역할을 했다. 부인과 정식 이혼 후 라시스와 결혼할 생각이었으나 뜻대로 되지 않아 이후 독신으로 지냈으며 나치 집권 후 망명길에서 스페인으로의 입국이 거절당하자 자살하였다.

매창(梅窓) 밖의 이화우(梨花雨)

매창과 유희경

사랑은 마음의 문제가 아니라,
가령 이별이나 둘 사이를 가르는 거리의 문제이다.

사랑은 마음의 문제가 아니라,
가령 이별이나 둘 사이를 가르는 거리의 문제이다.

폴 비릴리오는 자동차가 자동차 사고를 '발명' 했다고 일 갈한 바 있다. 단지 재치 있는 얘기가 아니라 이른바 '위험사회' (울리히 벡)의 논리를 소박하게 적시한 지적이 아닐 수 없다. 보드리야르는 한술 더 떠, 자동차는 사고를 통해서 자본주의적 풍족을 역설적으로 '증명' 한다고 으름장을 놓는다. 그러나 그런 식으로 말하노라면 폴 해기스의 「크래쉬」(2006)나 알레한드로 곤잘레스 이냐리투의 「21그램」(2003)과 「바벨」(2006) 등을 보면서 자동차는 자동차 사고를 통해서 좋은 영화감독을 '발명' 한다고 억지를 부려도 좋을 법하다. 아무튼, 바야흐로 자동차는 이제 삶의 양식 속에 흡수되었고, 오히려 그 역설적인 과잉 속에서 자동차 시대의 종말을 간취할 법도 하다.

● 197 ●

그러나, 사진의 발명(1839)이나 전화의 발명(1876)과 더불어 자동차의 발명(1886)이 초래한 변화는 대체 무엇이었을까? 물론 그 변화 중의 하나는 아래와 같은 절창의 이별시가 더 이상 나오지 않게 되었다는 것이다. 우리는 더 이상 돌다리나 어느 꽃나무 아래에서 이별하지 않는 것!

이화우(梨花雨) 흩날릴 제 울며 잡고 이별한 님
추풍낙엽에 저도 나를 생각는가
천 리에 외로운 꿈만 오락가락 하노매   (매창, 1573~1610)

물론 이 정한(情恨)은, 네트워크 시대의 우리들이 상상할 수조차 없는 중세적 거리감('천 리')의 아득함에 닿아 있다. 그러나 매창이 그의 정인(情人)인 유희경을 놓아 보내는 곳이 불과 부안에서 서울이니, 가령 자동차를 굴리고 핸드폰을 놀리면서 수작을 부린다치면 황진이 큰언니라도 언감생심 이런 시를 생산하기는 어렵다. 아도르노의 재치 있는 지적처럼, 비서가 전화를 받아주고 제 시간에 퇴근해서 골프 치러 가는 니체는 이 세상에 없는 것이다.

기록을 살피면 유럽에서도 19세기 초중엽까지는 노스탤지어(향수)가 하나의 번듯하고 진지한 병(病)으로 다루어지곤 했던 것을 알 수 있다. 추론컨대, 이른바 '향수병'은 지형과 지리적 거리가 인간관계를 뿌리에서부터 규정하던 시대에 가능했던 상호작용의 한 증후라는 사실을 쉽게 알아챌 수 있다. 노스탤지어의 문제를 이처럼 인문지리적, 계보학적, 혹은 매체론적으로도 분석할 수 있듯이, 마찬가지로 상사병(相思病)의 기원이나 메커니즘도 조금 다르게 헤아리고 따져볼 수 있을 것이다. 향수병이나 상사병은 지리적 거리가 인간관계를 결정적으로 규정했던 과거의 유산으로 이제는 급속히 소멸하고 있다. 전방위적인 원격통신이 현실화된 지구촌에서는 매체적 변덕이 기승을 부려 지역이나 사람 중심의 애착이 발을 붙일 현실적 기반을 잃어가고 있다. 요컨대, 노스탤지어가 결국 마음

자리를 통해서 해결-치료되는 게 아니었듯이, 연인 사이의 원격 감응방식—마치 주술처럼—인 상사병도 각자의 마음자리를 툺고 까부른다고 해서 그 실체를 파악할 수 있는 것이 아닐지도 모른다.

노스탤지어가 마음의 병일 수만은 없듯이 상사병 역시 마음의 병일 수만은 없다는 것을 엥겔스는 그의 『가족, 사유재산, 국가의 기원』(1884)에서 좀더 서늘하고 재미없게 밝힌 바 있다. 현대의 일부일처제 가족은 국가와 종교와 도덕의 호위 아래 사랑이라는 이데올로기를 기반으로 삼아 연명하지만, 사실 그 제도의 기원은 갑돌이와 갑순이가 서로를 원하고 그리워하는 '마음'과 아무런 상관이 없다는 것이다. 그의 논지 중의 한 가지는, 우리가 영화나 소설 등속을 통해 자연스럽게 동화시킨 연인들 사이의 연애—이야기와 성애—이미지는 역사상 극히 최근에 형성된 것이며, 특히 상사병이나 정사와 같이 극적인 사태로 특징 지워지는 러브스토리는 사랑 이외에는 누릴 것이 없었던 사회적 약자와 소수자들의 몫이었다는 것이다.

엥겔스의 냉조적인 지론에 따르면, "어떤 방식의 혼인에서든 사람들은 혼인 이전이나 이후나 다름이 없다." 이를 고쳐서 말하자면, 제도로서의 혼인—우리는 우리가 알고 있는 혼인이 극히 최근에 정착된 제도라는 사실을 쉼없이 강조해야 한다!—은 상사병과 같은 마음자리의 응결이나 교환과는 무관하다는 것이다. 더불어, 사랑에서 출발하는 자는 혼인은 물론이거니와 사랑 그 자체의 본질과 실체를 영원히 이해하지 못한다는 것!

내가 『사랑, 그 환상의 물매』(2004)에서 물매, 틈, 편차, 그리고 어긋남의 자가 동력을 통해 사랑을 설명했듯이, 현미경을 들여다보듯 마음속을 들여다본다고 해서 사랑의 실체가 파악될 수 있는 것은 아니다. 오히려 사랑은 마음이 아니라 이별이라는 사건이나 둘 사이를 가르는 그 틈의 거리를 통해서 살피는 게 훨씬 현명한 노릇이다. 최근 독일의 연구팀은 인간의 골수에서 추출된 줄기세포로부터 정자(精子)를 대량생산할 가능성을 밝혔다. 거리와 틈과 그리움과 사랑의 필요를 지우고 자웅동체의 꿈을 약속하는 중요한 진일보일까? 마찬가지로 각종의 유토피아 픽션들은 인간들 사이의 틈과 거리와 어긋남의 계기를 기계적으로 삭제함으로써 모성이니 연애니 하는 사랑의 관계를 원천무효화시키는 미래세계를 그린다. 미래세계 속에서 주체란 아무래도 성가신 비용인 것이다.

사랑의 심리주의는 만고의 완악한 고집이기 때문에 고치기가 죽기보다 어렵긴 하다. 그러나, 영 '마음'에 들지 않는 해명처럼 들리겠지만, 사랑을 마음의 문제라기보다는 가령 이별과 거리의 문제라고 보는 게 낫다. 유명한 속담은 '눈에서 멀어지면 마음에서 멀어진다(out of sight, out of mind)'고 얘기하지, '마음을 졸이면 라면국물도 졸여진다'고 말하지 않기 때문이다. 날이 갈수록 오히려 심인성(心因性) 질환이나 행태가 늘어나는 추세이긴 하지만, 오히려 그럴수록 심리주의에 포박되지 않는 근기 있는 상호작용의 실천적 지혜를 익혀나가야 한다.

끝없이 자신의 이기심으로 소급하고야 마는 '생각' 따윌랑 하지 말고, 묵묵히, 길게 사안을 살펴보시라. 사랑의 역동성은 물론 그 원초적 가능성조차 틈과 사이, 그리고 어긋남과 이별에 기대고 있다. 그래서 부안의 시기(詩妓) 매창은, 대장부의 길을 운운하며 길을 떠나는 유희경에게 그날도 언제나처럼 이별의 시를 읊는 것이다.

하룻밤 봄바람에 비가 오더니	東風一夜雨
버들이랑 매화랑 봄을 다투네	柳與梅爭春
이 좋은 시절에 차마 못할 건	對此最難堪
잔 잡고 정든 임과 이별하는 일	樽前惜別人

매창(梅窓, 1573~1610)

부안의 기생으로 노래와 거문고에 능했고 많은 절창을 남겨 허난설헌, 황진이와 더불어 조선의 3대 여류시인으로 알려져 있다. 스물이 되던 해에 48세의 대시인 유희경을 만났으나 임진왜란으로 재회의 기약없이 헤어졌다. 그녀 사후에 구전되던 시 58편을 부안의 아전들이 모은 『매창집』을 개암사에서 간행하자 인쇄 요청이 쇄도하여 개암사의 재원이 바닥났다고 전해진다.

유희경(劉希慶, 1545~1636)

호는 촌은(村隱). 선조 때를 전후한 위항시인(委巷詩人)으로 유명했으며 풍월향도라는 문학회를 조직했다. 임진왜란에서 의병으로 전공을 세워 면천의 기회를 얻게 되었고 인조반정 후에는 종2품의 벼슬을 제수받았다. 매창이 38세를 일기로 숨을 거두자, 국상 준비에 바빠 병문안도 가지 못했던 촌은은 부안으로 내려가 추모시를 읊으며 그녀의 무덤 앞에서 통곡했다고 한다.

후기

이 책은 2006~2007년 사이 《한겨레》에 '동무와 연인' 이라는 제목으로
연재한 글을 한데 엮은 것이다. 연재와 출간에 도움을 주신 최재봉 기자
와 김수영 편집주간, 그리고 인물들의 소개글을 써준 정일신 씨 등에게
감사의 뜻을 전한다.

동무와 연인

© 김영민 2008

초판 1쇄 발행 2008년 3월 28일
초판 6쇄 발행 2019년 6월 24일

지은이 김영민
펴낸이 이상훈
편집인 김수영
본부장 정진항
기획편집 고우리 이승한
마케팅 조재성 천용호 박신영 조은별 노유리
경영지원 이해돈 정혜진 이송이

펴낸곳 한겨레출판(주) www.hanibook.co.kr
등록 2006년 1월 4일 제313-2006-00003호
주소 서울시 마포구 창전로 70 (신수동) 화수목빌딩 5층
전화 02-6383-1602~3 **팩스** 02-6383-1610
대표메일 book@hanibook.co.kr

ISBN 978-89-8431-259-3 03100

• 값은 뒤표지에 있습니다.
• 파본은 구입하신 서점에서 바꾸어 드립니다.